Matijašević, Sanja

 Ciencia para niños / Sanja Matijašević, Vesna Kartal, Dragoslava
Gunjić ; ilustraciones Sanja Drakulić y otros ; traducción Gina
Marcela Orozco Velásquez. -- Edición Margarita Montenegro
Villalba. -- Bogotá : Panamericana Editorial, 2018.

 136 páginas : dibujos ; 24 cm. -- (Proyectos Fascinantes)

 Título original : Šašava flaša; Kofa bez dna; Od zlatne ribice do
Meseca; Poslušno jaje.

 ISBN 978-958-30-5660-4

 1. Ciencia - Enseñanza elemental - Experimentos 2. Ciencia
recreativa - Problemas, ejercicios, etc. 3. Juegos educativos I. Kartal,
Vesna, autora II. Gunjić, Dragoslava, autora III. Drakulić, Sanja,
ilustrador IV. Orozco Velásquez, Gina Marcela, traductora V. Tít.
VI. Serie.

372.35 cd 21 ed.

A1583585

  CEP-Banco de la República-Biblioteca Luis Ángel Arango

CIENCIA

PARA NIÑOS

Primera edición en Panamericana Editorial Ltda., enero de 2018
Títulos originales: *Šašava flaša; Kofa bez dna; Od zlatne ribice do Meseca; Poslušno jaje*
© 2012 Kreativni centar por *Šašava flaša*
© 2011 Kreativni centar por *Kofa bez dna*
© 2013 Kreativni centar por *Od zlatne ribice*
© 2014 Kreativni centar por *Poslušno jaje*
© 2017 Panamericana Editorial Ltda.
Calle 12 No. 34-30. Tel.: (57 1) 3649000
Fax: (57 1) 2373805
www.panamericanaeditorial.com
Tienda virtual: www.panamericana.com.co
Bogotá D. C., Colombia

Editor
Panamericana Editorial Ltda.
Edición
Margarita Montenegro Villalba
Textos
Sanja Matijašević por *La botella loca* y *El barril sin fondo*
Dragoslava Gunjić por *El huevo obediente*
Vesna Kartal por *Desde peces hasta viajes a la Luna*
Ilustraciones
Sanja Drakulić por *La botella loca* y *El barril sin fondo*
Milica Stevanović por *Desde peces hasta viajes a la Luna*
Manja Radić Mitrović por *El huevo obediente*
Traducción del inglés
Gina Marcela Orozco Velásquez
Diagramación
Martha Cadena

ISBN 978-958-30-5660-4

Impreso por Panamericana Formas e Impresos S. A.
Calle 65 No. 95-28. Tels.: (57 1) 4302110 - 4300355. Fax: (57 1) 2763008
Bogotá D. C., Colombia
Quien solo actúa como impresor.

Impreso en Colombia - *Printed in Colombia*

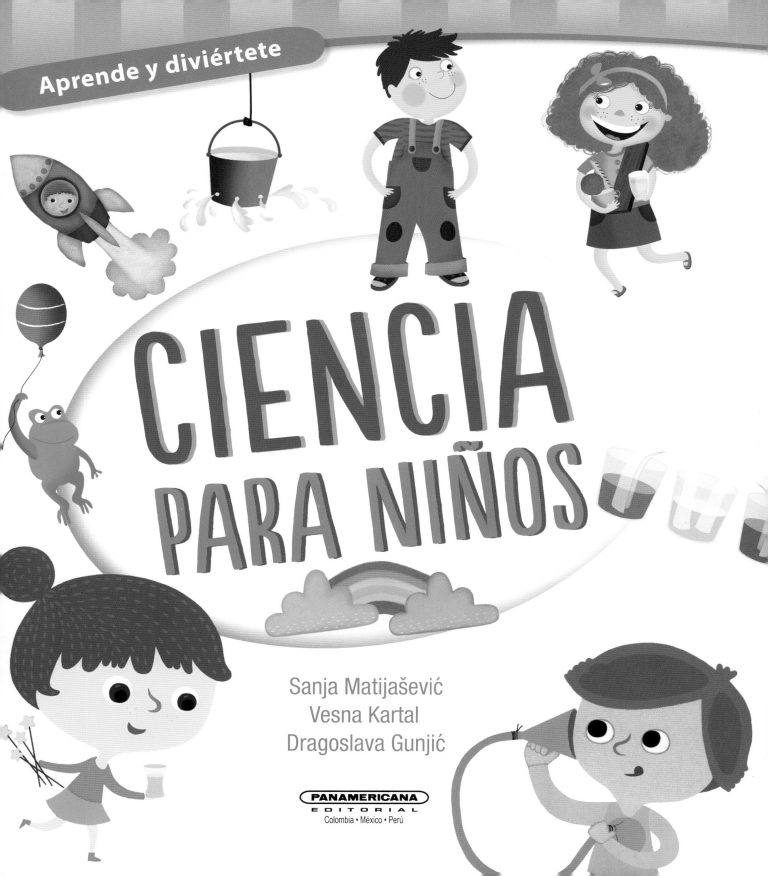

Aprende y diviértete

CIENCIA PARA NIÑOS

Sanja Matijašević
Vesna Kartal
Dragoslava Gunjić

PANAMERICANA
EDITORIAL
Colombia • México • Perú

Contenido

EL BARRIL SIN FONDO
11-41

LA BOTELLA LOCA
43-71

EL HUEVO OBEDIENTE

73-103

DESDE PECES HASTA VIAJES A LA LUNA

105-135

EL BARRIL SIN FONDO

Y OTROS EXPERIMENTOS PARA NIÑOS

Sanja Matijašević

Qué afortunados son los niños. ¡Cualquier momento y lugar son apropiados para jugar y aprender!

Un día perfecto para caminar.

El momento ideal para trabajar en el campo.

El tiempo lluvioso es ideal para pescar.

¡Hola!
Mi nombre es Carla. Quiero compartir contigo todo lo que sé sobre el pintoresco y misterioso mundo en el que vivimos. Apuesto a que no sabes cuántas aventuras te esperan sin siquiera tener que salir de casa. ¿Estás listo?

La tapa de papel

Puedes encontrarlas en todas partes: en los estantes, en tu escritorio, en los cajones y a veces en el suelo. ¿Qué puedes hacer con las hojas usadas que arrancaste de tu cuaderno? Sí, esas hojas que tienen dibujos que ya no te gustan. Tengo una idea: puedes usarlas para hacer una tapa que evite que se salga el agua de un vaso, incluso cuando está boca abajo.

Necesitas:

una hoja
de papel

un vaso

agua

1. Llena el vaso de agua hasta el borde.

2. Cubre el vaso con una hoja de papel. Pon la palma de tu mano sobre el papel y gira rápidamente el vaso para que quede boca abajo.

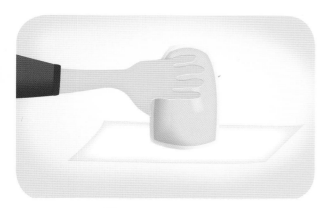

3. Verás que una simple hoja de papel evita que el agua salga del vaso.

Secreto entre tú y yo: En este experimento tienes un ayudante invisible. Es el aire que hay en el recinto. Cuando retiras la mano del papel, el aire sigue ejerciendo presión sobre la hoja y mantiene el vaso sellado.

Cables de agua

Me encantan los postes de energía. A veces los cuento mientras viajo. Me gustan porque sostienen los cables en los que descansan las aves después de un largo vuelo. Ya sé: los adultos dicen que esos cables llevan la electricidad a nuestra casa, pero prefiero ver su utilidad para las aves. Una vez construí cables de agua y los usé para transportar agua de un lugar a otro. Ningún ave se posó sobre ellos, pero fue divertido. ¡También deberías intentarlo!

Necesitas:

tres vasos grandes

dos tazas para servir café

tres clavos

tijeras

lana

agua

1. Alinea los vasos y las tazas, de modo que las tazas queden en medio del espacio que separa los vasos.

2. Corta dos trozos largos de lana y ponlos uno encima del otro. Luego ata la lana a los clavos (como se muestra en la imagen).

3. Introduce un clavo en cada vaso. Extiende la lana entre los bordes de los vasos, de modo que cuelgue entre ellos.

4. Llena todos los vasos con agua. Espera media hora y verás que las tazas comienzan a llenarse del líquido. ¡El cable de agua es un éxito!

Secreto entre tú y yo: Cuando la lana se empapa de agua, se forman gotas pequeñas en su interior. Debido a su peso, las gotas se separan de la lana y caen en las tazas.

Infla un globo anudado

Quien haya estado en una fiesta de cumpleaños sabe lo aburrido y difícil que puede ser inflar globos. ¿Sabías que puedes hacer esto sin tener que soplar? En realidad, se puede inflar incluso cuando ya está anudado y no puede pasar aire a su interior.

Necesitas:

un globo	hilo	un frasco grande con tapa	un clavo	un martillo	una aspiradora

1. Infla el globo un poco, de modo que quepa en tus manos. Luego ciérralo con hilo. Haz un agujero en el centro de la tapa del frasco con ayuda del martillo y el clavo.

2. Pon el globo en el frasco y ciérralo bien. Es muy importante que la tapa se ajuste bien a la boca del frasco.

3. Enciende la aspiradora y pon la manguera (sin ningún accesorio) sobre la tapa. El globo comenzará a expandirse pronto.

Secreto entre tú y yo: Cuando usas la aspiradora para sacar todo el aire del frasco, el aire que hay en el globo comienza a expandirse y el globo comienza a inflarse.

La rana sonriente

Pocas personas tienen ranas como mascotas. Si las ranas pudieran reírse o llorar, tal vez las cosas serían diferentes, pero hasta que aprendan a hacerlo, puedes hacer tu propia rana y cambiar su estado de ánimo a voluntad.

Necesitas:

un trozo de alambre delgado	hilo de coser rojo	agua y jabón lavavajillas	un recipiente de agua	un pedazo de cartón	lápiz, tijeras y pegamento

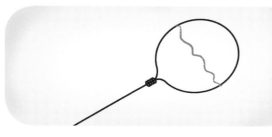

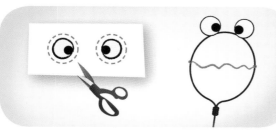

1. Vierte un poco de jabón lavavajillas en el recipiente lleno de agua. Mezcla el líquido con tus dedos hasta que se forme espuma. Al terminar, ¡asegúrate de lavarte las manos!

2. Dobla un extremo del alambre y haz un aro. A continuación, ata hilo a los extremos opuestos del aro, pero deja que quede un poco suelto (el hilo no debe tocar los bordes del alambre).

3. Dibuja unos ojos en el cartón. Luego recórtalos y pégalos en el borde superior del aro. Tu rana ya está lista para jugar.

4. Sumerge la rana de alambre en el recipiente con espuma y luego sácala. Se formará una pompa de jabón en el aro. Si quieres que la rana sonría, toca suavemente con la punta del lápiz la parte que está por encima del hilo (donde estaría su nariz). Si quieres que la rana tenga una expresión triste, tócala suavemente bajo el hilo (donde estaría su barbilla).

Secreto entre tú y yo: La pompa actúa como una capa elástica de goma que se contrae al tocarla. Si la pompa no está perforada, atrae el hilo al borde del aro al contraerse y por eso este se estira.

Ahuyenta al lobo

"¡Voy a soplar y soplar, y su casa voy a derribar!". Esa fue la famosa amenaza que hizo estremecer a los tres cerditos. Apuesto a que el lobo malvado no sabía que los objetos pueden unirse si se sopla entre ellos. ¿Qué? ¿No me crees? ¡Compruébalo tú mismo!

Necesitas:

un secador de pelo	dos pelotas de pimpón	hilo de coser	tijeras	cinta adhesiva

1. Corta dos trozos iguales de hilo. Pega un extremo de hilo a cada pelota, y el otro al respaldo de una silla. La distancia entre las pelotas debe ser suficiente como para que una mano pase entre ellas.

2. Enciende el secador de pelo y ponlo de manera que sople entre las pelotas.

3. ¿Qué sucedió? ¡Las pelotas se unieron! ¿Ahora sí me crees?

Secreto entre tú y yo: Al soplar, reduces la presión atmosférica que hay entre las pelotas. El aire de los costados empieza a ejercer más presión sobre las pelotas y las obliga a unirse.

El payaso que nunca duerme

Dormir te ayuda a crecer. En tus sueños puedes ser una princesa, volar, derrotar a un gigante y mucho más... Entonces, ¿por qué es tan difícil dormirnos? Hoy te presentaré a un amigo. Es un payaso que nunca duerme. ¿Crees que puedas convencerlo?

Necesitas:

una cáscara de huevo seca

una hoja de papel blanco y tijeras

harina, agua y cinta adhesiva

papel decorativo y pegamento

lana roja

una taza para café y una cuchara

24

1. Mezcla en la taza para café una cucharada de harina con dos cucharadas de agua. Llena la mitad más grande de la cáscara de huevo con esta mezcla.

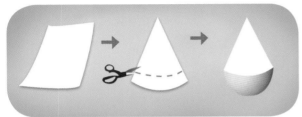

2. Haz un cono con la hoja de papel. Si es necesario, recórtala para que la abertura sea del mismo tamaño de la cáscara de huevo.

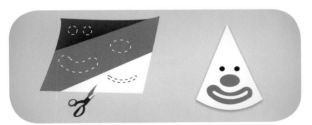

3. Haz los ojos, la nariz y la boca del payaso con papel decorativo de colores y luego pégalos al cono.

4. Cubre la parte superior del cono con pegamento y luego hazlo rodar sobre trozos pequeños de lana. Pega el cono a la cáscara de huevo con cinta adhesiva.

5. Intenta acostar al payaso. ¡Hazlo de nuevo! ¡Una vez más! ¿Por qué sigue levantándose?

Secreto entre tú y yo: La mayor parte de la masa del payaso está en la cáscara, o más precisamente, en la mezcla con la que rellenaste la cáscara. Todos los cuerpos tienden a adoptar una posición en la que el centro de su masa quede por encima de la superficie en la que se encuentran apoyados.

Bebidas a rayas

Coca-Cola, jugo de cereza, melocotón o naranja: ¡No es fácil elegir las bebidas para la fiesta de cumpleaños! Quería que fuera más divertido para mis invitados, así que hice bebidas a rayas. Vean cómo lo logré.

Necesitas:

agua	azúcar	un vaso de vidrio	cinco vasos de plástico	una cucharita de té	colorantes

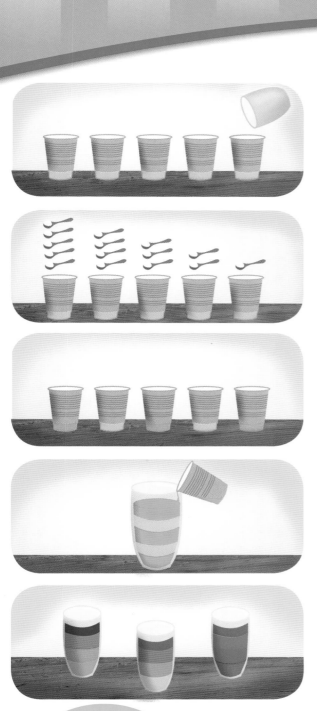

1. Vierte agua en el vaso y divide la cantidad de un vaso de agua en cinco vasos de plástico. La cantidad de agua debe ser igual en todos ellos.

2. Añade azúcar de la siguiente manera: en el primer vaso pon cinco cucharaditas; en el segundo, cuatro; en el tercero, tres; en el cuarto, dos; y en el quinto, una. Agita bien hasta que se disuelva el azúcar.

3. Añade cinco gotas de colorante al primer vaso, al tercero y al quinto.

4. Vierte el contenido de cada vaso de plástico en orden del primero al quinto en el vaso de vidrio. Hazlo con cuidado para que el contenido se deslice despacio por la pared del vaso de plástico.

5. Si dispones de varios colorantes puedes hacer bebidas más coloridas.

Secreto entre tú y yo: La cantidad de azúcar en el líquido afecta su densidad. Los líquidos con distintas densidades no se mezclan.

El barril sin fondo

¿Te gusta ver dibujos animados? Nunca me los pierdo. Son divertidos y siempre me animan. Los personajes de los dibujos animados me hacen reír cuando corren con cubetas agujereadas y el agua salpica todos los lados. ¿Crees que es posible llevar líquido en un recipiente sin fondo? ¡Te sorprenderás al ver que la respuesta es sí!

Necesitas:

dos vasos	agua	una pajilla

1. Pon la pajilla en el vaso lleno de agua. Si cubres el extremo superior de la pajilla, podrás sacar la pajilla del vaso y esta seguirá llena de agua.

2. Luego pon la pajilla sobre el otro vaso. El líquido saldrá de la pajilla solo cuando retires tu dedo del extremo.

Secreto entre tú y yo: El aire ejerce presión sobre el líquido que hay en el extremo libre de la pajilla, lo que evita que salga. Cuando retiras el dedo, el aire ejerce presión desde la parte superior, por lo que el líquido cae.

Un suéter para el yeti

El yeti es el abominable hombre de las nieves que vive en el Himalaya. Allí todo está cubierto de nieve y hielo. He pensado mucho en él; tal vez no sería tan feroz y aterrador si tuviera a alguien con quién jugar y hablar. Pero, si lo invito a casa, ¿cómo evito que se derrita? Ya sé: ¡lo abrigaré con un *suéter* de lana! Las prendas de lana que nos mantienen calientes también pueden retardar e incluso impedir el derretimiento del hielo.

Necesitas:

dos cubos de hielo

dos platos pequeños

un guante o un calcetín de lana

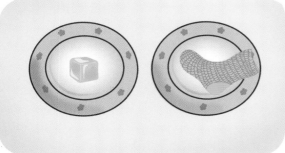

1. Pon un cubo de hielo en un plato; pon el otro cubo de hielo dentro del calcetín de lana y luego sobre el otro plato.

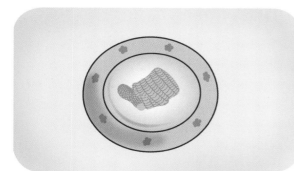

2. Dobla el calcetín varias veces para que el hielo quede bien envuelto.

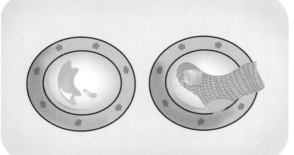

3. Espera media hora. ¿Por qué crees que el hielo del calcetín no ha comenzado a derretirse?

Secreto entre tú y yo: En la naturaleza, el calor se transmite de los objetos más cálidos a los más fríos. La lana es un material que no conduce el calor. Los materiales con esa característica se llaman aislantes térmicos. La lana impide que el aire le transfiera calor al cubo de hielo, lo que no deja que el hielo se derrita.

La espada mágica

Los cuentos de hadas que leemos están llenos de historias de príncipes y grandes guerreros que les deben sus hazañas a sus espadas con poderes especiales. Mi cuento de hadas favorito es el de la espada en la piedra, la cual decidía quién sería el futuro rey de Inglaterra. Si lo deseas, también puedes tener una espada mágica. Te enseñaré a convertir un cuchillo sin filo en una espada con la que puedes cortar las fuerzas magnéticas invisibles.

Necesitas:

sujetapapeles y tijeras	hilo de coser	una hoja de papel y una regla	un imán y un cuchillo sin filo (de mantequilla)	cinta de enmascarar

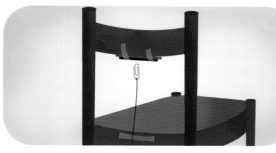

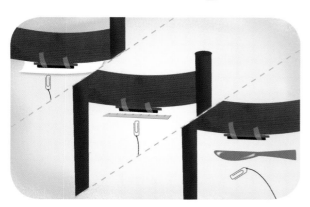

1. Pega el imán de nevera más fuerte que encuentres al respaldo de una silla (como se muestra en la imagen).

2. Ata un extremo del hilo a la punta del sujetapapeles y pega con cinta el otro extremo al asiento de la silla. La longitud del hilo debe permitir que el imán atraiga el sujetapapeles, pero sin tocarlo.

3. Toca el hilo con el dedo y luego empuja suavemente el sujetapapeles hacia un lado para que puedas sentir el efecto que tiene el imán en el sujetapapeles.

4. Intenta proteger el sujetapapeles del efecto del imán poniendo una hoja de papel entre ellos. ¿Qué sucede? Pon la regla entre el imán y el sujetapapeles. ¿Sigue sin funcionar? Es hora de usar la espada mágica y cortar las fuerzas invisibles que aprisionan al sujetapapeles.

Secreto entre tú y yo: Cuando hay algo metálico (el cuchillo) entre el imán y el sujetapapeles, el efecto del imán se transfiere al cuchillo y el sujetapapeles queda libre.

Un arcoíris en tu habitación

El arcoíris es uno de los fenómenos naturales más hermosos. Algunas personas creen que las niñas se convierten en niños si pasan bajo un arcoíris, y los niños en niñas. No sé si alguien lo haya logrado hasta ahora, pero eso no les resta belleza a los arcoíris. Estos fenómenos se forman cuando el sol brilla al mismo tiempo que cae la lluvia, pero puedes tener uno en tu habitación cuando quieras. ¿Puedes imaginarlo? ¡Un arcoíris en miniatura!

Necesitas:

un vaso	agua	una lámpara	una hoja de papel blanco	varios libros

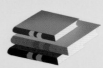

1. Pon la lámpara encendida en una habitación a oscuras, sobre una pila de libros.

2. Pon al otro extremo de la mesa una hoja de papel blanco junto a un vaso de agua (como se muestra en la imagen). ¡Los colores del arcoíris aparecerán en el papel!

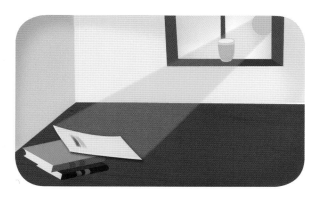

3. Puedes poner un vaso de agua en una ventana iluminada por el sol si es un día soleado. El efecto será el mismo.

Secreto entre tú y yo: Cuando la luz blanca atraviesa el agua o el aire cargado de gotas de agua (lluvia), se descompone en los siguientes colores: rojo, anaranjado, amarillo, verde, azul, añil y violeta.

El tambor soplón

A nadie le gustan los soplones. Eso de hablar acerca de lo que alguien dijo o hizo es realmente molesto. Ninguno de mis amigos es soplón (y tampoco quisiera presentarte a uno), pero sé de un tambor que comunica rápidamente de un lugar a otro todo lo que sucede. Es el único tipo de soplón que me agrada, y por eso te lo mostraré.

Necesitas:

papel para calcar y tijeras

dos bandas elásticas e hilo

cinta de enmascarar y un tubo de cartón

dos pelotas de pimpón

un libro

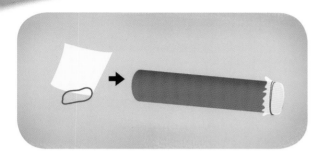

1. Recorta dos cuadrados de papel para calcar. Ponlos sobre las aberturas del tubo y asegúralos con las bandas elásticas. El papel para calcar debe quedar tenso.

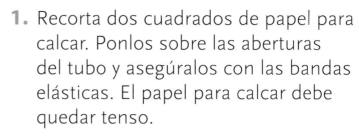

2. Corta dos hilos de igual longitud y pégalos a las pelotas de pimpón. Pega el tubo de cartón a la superficie del libro con ayuda de la cinta adhesiva.

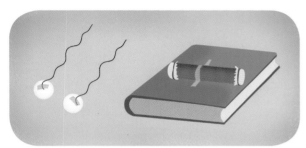

3. Pon el libro con el tubo entre las patas de una silla. Fija el hilo con las pelotas de pimpón al asiento de la silla (como se muestra en la imagen). Las pelotas deben tocar el papel para calcar, pero no el libro.

4. Mueve una pelota hacia un lado y suéltala, de modo que golpee el tambor. ¿Qué le sucedió a la otra pelota? No la tocaste, pero ¿por qué se movió?

Secreto entre tú y yo: Cuando la pelota toca el papel para calcar, el papel se mueve y desplaza el aire del tambor. Al desplazarse, el aire golpea el papel para calcar del otro extremo, y este a su vez golpea la otra pelota.

Sepáralas y únelas de nuevo

Hoy decidí ser traviesa y jugarles una broma a mis amigas de madera que viven dentro de una caja de cerillas. Las separaremos un poco y luego las uniremos de nuevo hasta que nos cansemos de hacerlo.

Necesitas:

dos cerillas	un plato de sopa con agua	una cuchara de sopa y dos vasos plásticos	azúcar y harina	un trozo pequeño de jabón (o una gota de lavavajillas)

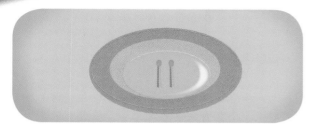

1. Llena de agua el plato de sopa y pon dos cerillas en la superficie del agua, de modo que queden paralelas entre sí.

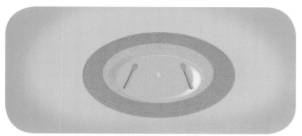

2. Pon el trozo de jabón entre las cerillas (o una gota de lavavajillas) y observa cómo se alejan la una de la otra, como si hubieran discutido.

3. Vuelve a poner las cerillas en la posición inicial. Espolvorea un poco de azúcar entre ellas y se acercarán. ¡Son amigas de nuevo!

Antes de revelar mi secreto, debemos jugar un rato más.

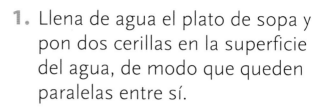

4. Pon dos cucharadas de harina en un vaso y llena de agua la mitad del otro vaso. ¿Qué apariencia tienen las superficies de los vasos? ¿Por qué la superficie del agua es tan lisa?

Secreto entre tú y yo: Las partículas del líquido se atraen entre sí y crean tensión en la superficie del agua. El jabón debilita ese efecto, por lo que la superficie del agua que separa las cerillas se expande y estas se separan. El azúcar tiene el efecto contrario.

El dibujo gimnasta

No hace falta explicarte la importancia de hacer deporte porque ya sabes que ejercitarse es vital. Además, sé que practicas deportes porque los ejercicios de estiramiento y calentamiento son muy divertidos. Si no tienes un compañero para hacer ejercicio, puedo prestarte a mi amigo: el dibujo gimnasta.

Necesitas:

un trozo de cartón delgado

una pelota metálica pequeña o una canica

cinta de enmascarar y una hoja de papel

una pelota metálica pequeña o una canica

un lápiz y una tabla corta

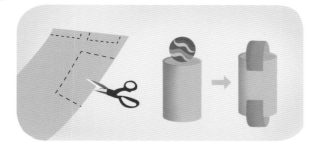

1. Haz un tubo con el cartón delgado y luego pon la pelota en su interior. Recorta dos tiras de cartón, dóblalas y cubre los agujeros del tubo con ellas (como se muestra en la imagen).

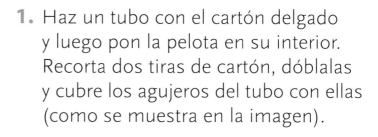

2. Haz un dibujo del mismo tamaño del tubo en la hoja de papel. Recorta el dibujo y pégalo en la parte delantera del tubo.

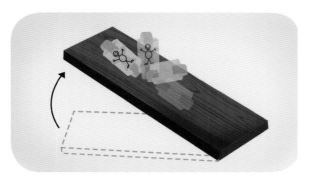

3. Pon el tubo longitudinalmente en un extremo de la tabla. Levanta ese extremo y observa al dibujo convertirse en un gimnasta excepcional. En lugar de rodar por el trozo de madera, avanza haciendo volteretas.

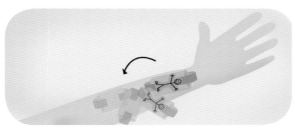

4. Si usas una pelota pequeña y haces un tubo pequeño, el dibujo puede bajar por tu brazo.

Secreto entre tú y yo: La pelota rueda por el tubo y ejerce presión sobre la tapa redondeada con su peso, lo que hace que el tubo rebote, se levante y gire. Después, la pelota rueda de nuevo y todo el proceso se repite.

LA BOTELLA LOCA

LOCA

y OTROS EXPERIMENTOS PARA NIÑOS

Sanja Matijašević

Siempre me he preguntado por qué representan a los científicos como personas serias y estrictas. Estoy seguro de que todos ellos tienen un niño interior muy curioso. Tal vez por eso Einstein me parece interesante. Generalmente lo muestran con el pelo despeinado, sonriendo y con mirada de niño. Alguna vez él dijo que la imaginación era más importante que el conocimiento. Por eso yo, Carlos, te invito a aprender mientras juegas conmigo, con ayuda de la imaginación.

Provisiones inusuales para el frío

Imagina que pudieras atrapar los rayos del sol en un frasco durante los días calurosos. ¡Serían excelentes provisiones para cuando haga frío! Ya puedo imaginar mi estante con tres frascos de rayos de sol, dos frascos de brisa fresca y una botella de cálida lluvia, con arcoíris incluido. Mientras intentaba hacer realidad mi deseo, solo logré atrapar un tornado en una botella. Te lo mostraré si prometes no dejarlo salir. ¿Lo prometes?

Necesitas:

una botella de plástico de 2 L

agua

jabón lavavajillas

pimienta

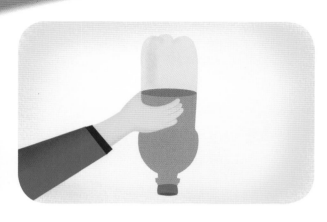

1. Vierte agua en la botella de plástico (un poco más arriba de la mitad), añade una gota de jabón lavavajillas y una cucharada de pimienta. Cierra bien la botella y ponla boca abajo.

2. Agita bien el contenido de la botella mediante pequeños movimientos circulares.

3. Podrás ver un tornado increíble cuando dejes de agitarla. Acerca la botella a una ventana soleada y el tornado se verá mucho mejor.

Secreto entre tú y yo: Cuando está girando, no toda el agua tiene la misma velocidad. La parte del agua más cercana al centro se mueve más rápido que el resto, lo que genera un remolino parecido a un tornado.

Qué debo ponerme

Siempre tengo problemas para vestirme todos los días. Mi hermana me molesta y me pregunta por qué combiné ese suéter con esa camisa, o me dice que los jeans con costuras anaranjadas no combinan con mi sudadera, que las rayas están pasadas de moda... ¡Es horrible! Pero cuando descubrí que basta con mirar por la ventana para elegir un color de ropa claro u oscuro, las cosas se hicieron un poco más fáciles. Este es el secreto.

Necesitas:

dos vasos iguales

una camiseta blanca y una camiseta negra

un termómetro

cuatro pinzas para ropa y agua

1. Envuelve los vasos con las camisetas (de modo que los bordes queden libres y que los vasos permanezcan en posición vertical).

2. Vierte cantidades iguales de agua en los vasos y déjalos en un lugar soleado durante dos o tres horas.

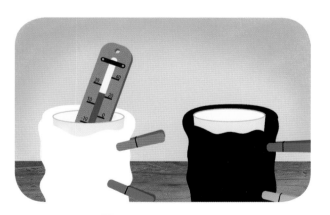

3. Mide con el termómetro la temperatura del agua del vaso envuelto en la camiseta blanca, y luego la del vaso envuelto en la camiseta negra. ¿Por qué las temperaturas son diferentes? Recibieron la misma cantidad de sol, ¿no?

Secreto entre tú y yo: Las superficies oscuras (como la camiseta negra) absorben más luz y calor que las superficies de color claro. Por eso, en días cálidos debemos usar ropa clara para sentirnos más cómodos y frescos.

El capitán del submarino

Puedo ser el capitán de un submarino cuando quiera. Solo tengo que ponerme mi camisa de marinero, levantar mi ceja izquierda y empezar a dar órdenes: ¡Sumérjanse! ¡A la superficie! ¡Enemigo a la vista, avancen con rapidez! Mi tripulación es obediente y por eso puedo observar con satisfacción la forma en que mi submarino avanza lentamente hacia las profundidades del mar... ¿Crees que todo esto es un sueño? No, no... Frótate los ojos, asegúrate de estar despierto y haz tu propio submarino.

Necesitas:

una botella de plástico transparente de 2 L

un vaso

un tubo de ensayo (o un envoltorio en forma de tubo)

agua

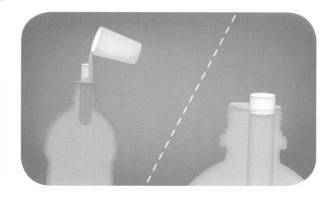

1. Llena de agua la botella hasta casi llegar a la parte superior. Introduce el tubo de ensayo en la botella con la abertura hacia arriba y vierte agua lentamente en su interior, hasta que el borde del tubo quede un poco por encima de la boca de la botella.

2. Saca el tubo de ensayo y termina de llenar la botella. Cierra el tubo de ensayo con tu dedo, ponlo boca abajo y luego sumérgelo en el agua. Asegúrate de que el agua y el aire no se salgan del tubo de ensayo. Cierra bien la botella.

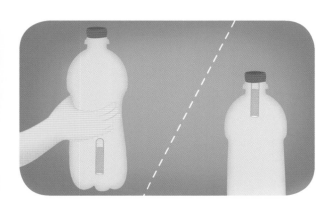

3. Si oprimes la botella con la mano, el submarino se sumergirá. Si sueltas la botella, el submarino irá a la superficie. Intenta controlar la fuerza con la que oprimes la botella, así podrás determinar la profundidad en la que permanece el submarino.

Secreto entre tú y yo: La presión que ejerce tu mano se transfiere al agua, y esta llena el tubo de ensayo y comprime el aire que hay dentro de él. Debido a que el aire ocupa menos espacio en el tubo de ensayo, este se sumerge. Cuando reduces la presión que ejerces en la botella, sale agua del tubo de ensayo, el aire se expande y el tubo de ensayo se dirige hacia arriba (sale a la superficie).

El secreto de la torre inclinada

Una mañana de septiembre, el cartero me trajo una postal que mi amigo David envió desde Italia. La miré y no podía creer lo que veía. ¿Acaso nadie se dio cuenta de que entre todos esos edificios y esculturas había una torre inclinada? ¿Estaba a punto de caer? ¡Alguien debería advertirles a los turistas al respecto! David se echó a reír cuando hice ese comentario. La torre inclinada de Pisa sigue en pie. He investigado un poco y descubrí su secreto.

Necesitas:

un juego de dominó o 10 libros
del mismo tamaño

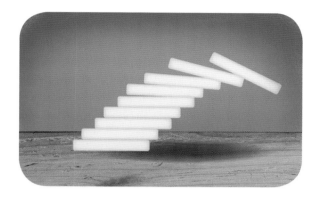

1. Haz una torre con las fichas de dominó. Ponlas una encima de la otra, pero trata de que se vea un poco la ficha anterior, de modo que se forme una escalera. Intenta apilar tantas fichas como puedas. ¡Ay, no! ¡La torre se derrumbó!

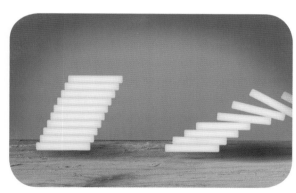

2. Inténtalo de nuevo, primero dejando una distancia corta entre las fichas, y luego dejando una distancia más grande entre los bordes de los dominós. ¿Qué determina la cantidad de dominós que puedes apilar antes de que la torre se derrumbe?

3. Intenta imitar la torre inclinada. Párate derecho y luego comienza a inclinarte hacia delante sin encorvar tu espalda. ¡Deja de inclinarte cuando sientas que vas a caerte!

Secreto entre tú y yo: Tu torre y tú son estables siempre y cuando el centro (el punto donde se concentra la masa) esté situado por encima del punto de apoyo. El punto de apoyo de la torre es la primera ficha de dominó, pero en tu caso son tus pies. Cuando el centro de tu abdomen (tu ombligo) llega más allá de las puntas de los dedos de tus pies al inclinarte, pierdes estabilidad y puedes caerte.

El circo llegó a la ciudad

Valientes domadores de leones, payasos graciosos, malabaristas experimentados... Nada es más impresionante que un espectáculo de circo. Por eso, cada vez que veo que las personas que viven en mi casa comienzan a bostezar del aburrimiento, corro por toda la casa y grito:

—¡Llegó el circo! ¡Llegó el circo!

Los reúno en la sala de estar, hago una reverencia y presento a la estrella del evento: la pelota flotante. ¡Que comience el espectáculo!

Necesitas:

un secador de pelo	una pelota de pimpón	un trozo de cuerda	dos sillas	un mantel	dos pinzas para ropa
	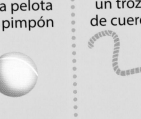				

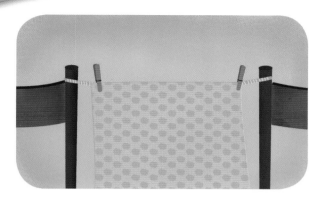

1. Ata la cuerda al respaldo de las sillas. Cuelga el mantel sobre la cuerda y sujétalo con las pinzas para ropa. El escenario está listo.

2. Enciende el secador de pelo con la boca apuntando hacia el techo detrás del escenario (el mantel). Pon lentamente la pelota de pimpón sobre el secador de pelo. Permanecerá flotando en el aire.

3. Levanta el secador de pelo hasta que la pelota aparezca por encima del mantel. ¡Llegó la estrella del espectáculo! Mueve el secador de derecha a izquierda y de arriba abajo. La pelota seguirá flotando, pero seguirá los movimientos del secador de pelo.

Secreto entre tú y yo: El aire del secador de pelo rodea la pelota y por eso flota en el aire a cierta altura. La pelota queda atrapada en ese aire y se ve obligada a seguir los movimientos del secador de pelo.

Vasos musicales

La cocina de mi casa es la habitación que esconde más secretos. Cada vez que puedo, me gusta revisar los cajones y curiosear entre las ollas y las sartenes... Cada vez encuentro algo nuevo. Un día descubrí que el juego de cristalería que nos regaló la abuela tiene un talento inusual. Es increíble: los vasos y las copas producen tonos diferentes, y puedes usarlos para hacer música. Estoy seguro de que hay un juego de cristalería igual en tu cocina. ¡Ve a buscarlo!

Necesitas:

cuatro vasos iguales

agua

un lápiz

1. Pon los vasos uno junto al otro para formar una fila. Vierte agua en cada vaso, de modo que cada uno contenga más agua que el anterior.

2. Separa ligeramente los vasos y luego golpea suavemente cada uno de ellos con el lápiz.

3. Combina el número de golpes que le das a cada vaso y así lograrás hacer tu primera composición. ¿Por qué los vasos producen tonos diferentes a pesar de que su tamaño y forma son iguales?

Secreto entre tú y yo: Cuando golpeas un vaso con el lápiz, este comienza a vibrar. Esas vibraciones pequeñas se transfieren desde el vaso hacia el aire y luego hasta el agua. El vaso con menos aire (el que contiene más agua) produce el tono más grave, mientras que el vaso con más aire (el que contiene menos agua) produce el tono más agudo.

Una señal que confunde

Señales de tránsito: siempre me ha parecido interesante el término para referirse a las señales que hay en las carreteras. Las señales de tránsito describen lo que hay en la carretera. Gracias a ellas, llegamos a ciudades lejanas, mares, montañas... Las cosas salen bien cuando las señales de tránsito dicen la verdad y apuntan en la dirección correcta, pero ¿qué pasa con las que no? ¡Esta es una de esas señales!

Necesitas:

un vaso

agua

una hoja de papel

un lápiz y lápices de colores

1. Dibuja una flecha en la hoja de papel; debe ser más pequeña que el ancho del vaso. Escribe sobre la flecha y en letras pequeñas el nombre de la ciudad en la que vives. Colorea la flecha con tu color favorito.

2. Llena el vaso de agua y ponlo sobre la mesa. Debes observar todo a través del vaso a partir de este momento.

3. Pon la hoja con la flecha detrás del vaso, de modo que puedas ver la flecha a través del vaso lleno de agua. ¿Qué les pasó a las letras? ¿Por qué se ven más grandes de lo que las dibujaste?

4. Aleja la hoja y verás que la flecha cambia de dirección. ¡Ahora apunta en la dirección opuesta! ¡Qué señal más confusa!

Secreto entre tú y yo: El vaso lleno de agua refracta la luz que se refleja sobre los objetos y llega a nuestros ojos. Cuando los objetos están cerca del vaso, la luz se refracta de tal manera que el objeto parece más grande. Cuando los objetos están alejados, la imagen se ve invertida.

Dieta de agua

Cuando estaba en primer grado, creía que nada era más pesado que mi mochila. Cuando comencé el segundo grado, me di cuenta de que podía ser aún más pesada. Hace unos días descubrí que los objetos pierden peso cuando se sumergen en agua, pero me decepcionó el hecho de que mis libros no fueran impermeables. La dieta de agua no solucionó mi problema, pero hacerla es muy divertido. ¡He aquí la receta!

Necesitas:

un plato profundo de plástico

hilo de coser y una regla

cinta de enmascarar y tijeras

el resorte de un bolígrafo y un marcador

agua

dos peras o dos manzanas con tallo

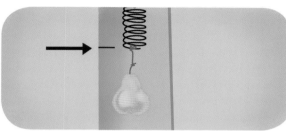

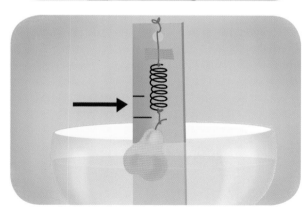

1. Ata hilo a un extremo del resorte y pega el hilo a la regla con un trozo de cinta adhesiva. El resorte debe colgar por el costado de la regla que no tiene marcadas las medidas.

2. Usa hilo para atar la pera más pequeña al extremo libre del resorte. Pon la regla en posición vertical y marca el punto al que llega la parte inferior del resorte.

3. Repite el procedimiento con la pera más grande. Marca el punto al que llega la parte inferior del resorte con un marcador de otro color. ¿Cuál pera estiró más el resorte?

4. La pera grande es el objeto que participará en nuestra dieta de agua. Vierte agua en el plato y sumerge la regla junto con la pera enganchada al resorte. Asegúrate de que la pera no toque el fondo del plato. ¿Qué sucedió? ¡El resorte se contrajo! La pera parece haber perdido peso. ¡La dieta funciona!

Secreto entre tú y yo: El agua hace flotar la parte sumergida del objeto (la pera). Esto reduce la tensión aplicada sobre el resorte y por eso se contrae.

Brújula de amor

Bueno, lo admito: ¡estoy enamorado! Pero la verdad no es gracioso el haberme equivocado de salón cuando me encontré con ella en el pasillo. Para asegurarme de que eso no vuelva a suceder, compré una brújula para enamorados. Si su saludo me hace perder el norte de nuevo, creo que nadie lo notará gracias a mi brújula. Si te pasa lo mismo, no pierdas más el tiempo y haz tu propia brújula de amor.

Necesitas:

un vaso de plástico transparente	tijeras	hilo y aguja de coser	un lápiz	marcadores	un imán

1. Frota el imán sobre la aguja unas 30 veces. Es importante que la dirección del movimiento del imán sea siempre igual.

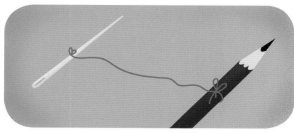

2. Corta un trozo de hilo; ata un extremo al centro del lápiz y el otro al centro de la aguja imantada.

3. Escribe en el vaso los nombres de los puntos cardinales con un marcador (como se muestra en la imagen). Dibuja un corazón alrededor de la palabra "norte".

4. Pon el lápiz sobre el borde del vaso, de modo que la aguja cuelgue en el interior. Gira el vaso con cuidado hasta que la punta de la aguja señale hacia el norte. Toca suavemente la aguja con la punta de un marcador para ponerla en movimiento (hazla girar) y, cuando la aguja deje de moverse, verás que apunta al corazón y a la palabra "norte".

Secreto entre tú y yo: La Tierra es un gran imán con sus respectivos polos. Todos los objetos imantados de la Tierra se alinean con ese imán. Por esa razón la punta de la aguja imantada siempre apunta hacia el norte.

¿Quién dice que el pomo debe estar al borde de la puerta?

Ayer mi suéter se quedó enganchado en el pomo de una puerta. ¡Es la enésima vez que arruino mi ropa así este año! Hasta ahora fui tolerante, ¡pero ya fue suficiente! ¿Acaso no puede estar ese pomo en otro lugar? Une fuerzas conmigo en esta guerra y busquémosle un lugar mejor al pomo de la puerta.

Necesitas:

un trozo de cartón delgado

un mondadientes e hilo de coser grueso

cinta de enmascarar

tijeras

lápices de colores

el resorte de un bolígrafo

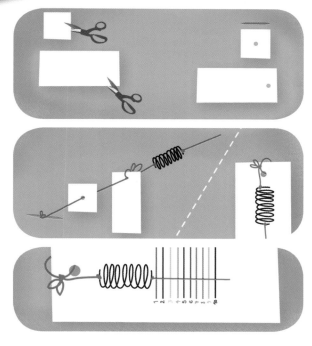

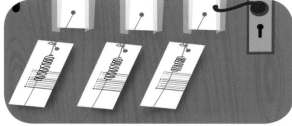

1. Dibuja en el cartón un rectángulo y un cuadrado (del largo del mondadientes), y recórtalos. Agujerea con el mondadientes el centro del cuadrado y la parte superior del rectángulo.

2. Ata un extremo del hilo al centro del mondadientes. Pasa el otro por los agujeros del cuadrado y el rectángulo, y haz un nudo. Ata el hilo que sobresale a un extremo del resorte. Ata otro trozo de hilo al otro extremo.

3. Traza líneas sobre el cartón bajo el resorte y escribe 1, 2, 3...

4. Pega el cuadrado a la puerta, cerca de las bisagras. Coge el rectángulo y con la otra mano tira del hilo atado al resorte. ¿Hasta qué número se estira cuando se abre la puerta?

5. Repite el procedimiento, pero pega el cartón en el centro de la puerta y luego cerca al pomo. ¿Cuánto se estiró?

Secreto entre tú y yo: Cuando la puerta se abre y se cierra, gira alrededor de un eje, que está ubicado donde están las bisagras. La puerta es más fácil de abrir si aplicamos fuerza en un punto lejano a ese eje. Por eso los pomos se ponen al borde de las puertas.

Invoca la lluvia

Me encanta jugar a los indios y a los vaqueros con mis amigos. Siempre sé a qué bando unirme. En instantes me convierto en un indio valiente, y lo hago por dos motivos: el primero es que me gusta mucho más el tocado de plumas indio que el sombrero de vaquero, y el segundo es que los indios pueden invocar la lluvia, y yo también.

Necesitas:

un frasco de vidrio

un plato pequeño

agua

varios cubos de hielo

1. Llena la mitad del frasco con agua hirviente y pon el plato rápidamente sobre la boca del frasco.

2. Pon varios cubos de hielo sobre el plato tras unos minutos.

3. Verás después de un rato que se deslizan gotas de agua por las paredes del frasco, y que algunas de ellas caen desde la base del plato. ¡Está lloviendo!

Secreto entre tú y yo: El vapor que libera el agua caliente se convierte en gotas de agua al contacto con la base fría del plato. Cuando las gotas alcanzan cierto tamaño, se separan de la base del plato y caen. Así es como se forma la lluvia en la naturaleza.

El pulpo cortés

Es fácil ser amable. Cuando conozco a alguien por primera vez, extiendo mi mano cortésmente y digo mi nombre. Los apretones de manos son especiales. El gesto de unir las manos puede ser el comienzo de una amistad maravillosa. Incluso mi amigo el pulpo sabe que lo que digo es cierto. Un día decidió estrechar mi mano, pero tuvo problemas para decidir qué brazo extender. Sin más preámbulos, ¡te presentaré al pulpo!

Necesitas:

una hoja de papel blanco y marcadores	harina, sal y agua	una taza y una cuchara	tijeras	una regla	una prenda de lana

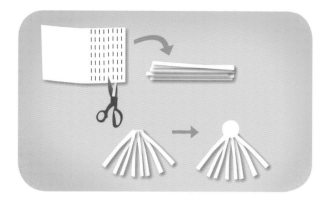

1. Corta la hoja de papel en tiras delgadas. Pon las tiras una encima de la otra y dóblalas por la mitad. Luego oprime el centro con los dedos y extiende las tiras como un abanico.

2. Vierte media cucharadita de harina en cantidades iguales de sal y agua, y mezcla. Aplica la mezcla sobre la punta del abanico y dale forma de esfera. Esa será la cabeza del pulpo. Cuando la mezcla se seque, dibújale los ojos, la nariz y la boca.

3. Frota la regla sobre la prenda de lana y acércala al pulpo. Sus brazos se pegarán a la regla. ¡Acaban de darse la mano! ¿El pulpo te dijo su nombre?

Secreto entre tú y yo: La regla de plástico se carga de electricidad al frotarla con la prenda de lana. La regla electrizada atrae las tiras de papel. Como las tiras son delgadas, estas se levantan y se pegan a la regla.

La botella loca

Estoy a punto de revelarte mi *secreto*. Para ser más exacto, es el secreto de mi truco favorito para desconcertar a mis amigos e impresionar a los adultos. Me refiero a una *botella absolutamente loca*: la botella salpica por todas partes cuando se abre. Esta botella es ideal para los días calurosos porque refresca a todos tus amigos y los hace sonreír.

Necesitas:

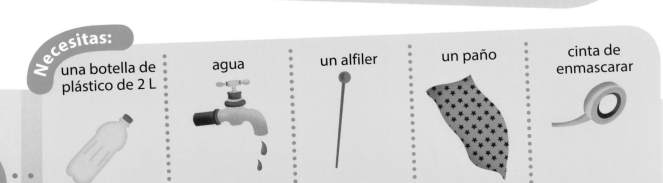

| una botella de plástico de 2 L | agua | un alfiler | un paño | cinta de enmascarar |

1. Haz varios agujeros pequeños con el alfiler cerca de la base de la botella.

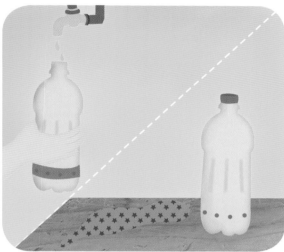

2. Cubre los agujeros con cinta adhesiva y llena la botella de agua. Cierra muy bien la botella. Luego retira la cinta y seca bien la botella con el paño. ¿No se sale el agua de la botella?

3. Quita la tapa de la botella (o mejor aún, pídele a alguien que lo haga por ti). El agua comienza a salpicar en todas las direcciones. Si cierras la botella, el agua deja de salir. ¿Qué es lo que sucede?

Secreto entre tú y yo: La botella de este truco nunca está vacía. Al comenzar, había aire en su interior. Para que la botella se llenara de agua tuvo que salir el aire. Además, para que el agua comenzara a salir de la botella, el aire tuvo que entrar y sacar el agua, y eso sucede cuando retiras la tapa de la botella.

EL HUEVO OBEDIENTE

y OTROS EXPERIMENTOS
PARA NIÑOS

Dragoslava Gunjić

Todo lo que nos rodea ha cambiado al menos un poco desde ayer. En la naturaleza, un árbol creció un poco, una rosa floreció, las abejas fabricaron miel fresca, una nube desapareció, un pájaro cantó... Incluso las cosas que no podemos ver han cambiado, pero eso no significa que no podamos aprender acerca de esos cambios.

Lara y Tina son curiosas, tienen mucha imaginación y siempre están dispuestas a aprender cosas nuevas.

¡Aprendamos cosas nuevas con Lara y Tina! ¿Qué sucede cuando mezclamos azúcar y agua? ¿Qué debemos hacer para que una vela no se consuma? ¿Cómo ocultar una moneda en agua salada? ¿Cómo amaestrar un huevo? Podemos aprender más cosas como estas si reunimos lo necesario y hacemos experimentos. Al comienzo nos formularemos algunas preguntas y luego buscaremos las respuestas. ¡Será una gran aventura!

Lucas relata historias que ocultan preguntas y María sabe muchas respuestas.

Estalactitas

Adoro cuando el hielo se hace pequeño. ¡Puedo morderlo!

¡Mira, Tina! ¡El hielo de mi vaso también se está derritiendo poco a poco!

En unas vacaciones, tras muchos días de nieve, llegó una mañana soleada. La luz de la ventana brillaba como si hubiera llegado la primavera. Pero al día siguiente hizo frío de nuevo, y todo se veía diferente. Aparecieron estalactitas en la ventana y no se podía ver el sol en ninguna parte.

Hablando de hielo, les contaré algo que sucedió.

¿De dónde vinieron las estalactitas de la ventana? Descúbrelo con el experimento de la siguiente página.

agua, varios cubos de hielo, una olla pequeña con tapa, una estufa, ayuda de un adulto.

2. Vierte un poco de agua en la olla y caliéntala en la estufa. Cuando el agua hierve, se convierte en vapor.

1. Pon el hielo en la olla, caliéntala a fuego bajo y observa. El hielo se convierte en agua.

El vapor se convirtió en agua sobre la tapa fría.

3. Calienta de nuevo un poco de agua en la olla. Tapa la olla cuando hierva el agua. Retira la tapa después de un minuto. Hay gotas de agua en el interior de la tapa.

Aprende algo más:

En la naturaleza, el agua se encuentra en los tres estados de la materia. El estado en el que se encuentre depende de la temperatura. Cuando el sol brilla, el hielo comienza a derretirse. Cuando pones una botella de agua en el congelador, el agua se congela.

Agua que come azúcar

¡Hay charcos en el jardín!

Lara, ¡mira cómo hago salpicar los charcos!

Estos charcos me recuerdan lo que sucedió en el parque el otro día, ¿y a ustedes?

Lara y Tina compraron azúcar en la tienda. En su camino de regreso a casa hicieron una parada en el arenero.

—¡Hagamos un castillo! —dijo Lara.

—Yo haré la torre más alta —dijo Tina, y dejó el azúcar en un muro, justo encima de un charco que no había visto.

Se pusieron manos a la obra y terminaron el castillo media hora después. Lo miraron con orgullo y se dirigieron a casa. Sin embargo, solo había un papel húmedo donde Tina dejó el azúcar. ¡Había desaparecido!

¿Qué sucedió con el azúcar que estaba en el muro húmedo? Lo descubrirás cuando hagas el experimento.

dos vasos, agua, azúcar, arena, una cuchara.

1. Llena la mitad de uno de los vasos con agua. Añade una cucharada de azúcar en el agua y mezcla. El azúcar se disuelve en el agua.

2. Llena la mitad del otro vaso con agua. Añade un poco de arena y mezcla. La arena no se disuelve en el agua.

Aprende algo más:

El azúcar se disuelve en el agua fácilmente, pero no así la arena. Si filtras el agua mezclada con arena, el agua pasa a través del filtro, pero la arena permanece en él. Eso significa que lo que no se disuelve en el agua puede separarse fácilmente de ella.

La arena es más pesada que el agua y por eso cae al fondo de cualquier recipiente lleno de agua.

El huevo obediente

Una vez también se me escapó un huevo de las manos. Lucas, ¿quieres desayunar con nosotros?

¡Este huevo es resbaladizo!

Antes permítanme contarles la historia de un amigo que quería hacer algo inusual con un huevo.

Mi amigo entró a la cafetería del colegio y oyó al cocinero decir:

—Si alguien logra hacer flotar un huevo en medio de una olla, le haré un pastel.

¡Fue todo un reto! Durante días, mi amigo intentó hacer flotar un huevo en medio de una olla. Lo puso lentamente en el agua, lo empujó con una cuchara, amenazó con romperlo... ¡Nada! ¿Acaso era imposible ganarse ese pastel?

¿Cómo lograr que un huevo flote en medio de una olla? Haz el experimento y compruébalo por ti mismo.

un huevo fresco, tres vasos, sal, agua, una cuchara.

1. Pon cuidadosamente el huevo en un vaso lleno de agua. Se hundirá hasta el fondo.

2. Añade cuatro cucharadas de sal en otro vaso de agua. Agita el agua un poco para que la sal se disuelva. Pon el huevo en el agua. El huevo flotará en la superficie.

3. Pon dos cucharadas de sal en el tercer vaso de agua y mezcla bien. Cuando pongas el huevo en el agua, flotará en medio del vaso.

El huevo flota en medio del vaso porque su densidad es igual a la del agua.

Aprende algo más: • • • • • • • • • • • • •

El agua sin sal es menos densa que el huevo y por eso este cae al fondo. El agua con mucha sal disuelta es más densa que el huevo y por eso el huevo flota en la superficie.

La mancha

¡Mira, Lara! Las gotas de agua se deslizan por mi mano. La superficie del mar tiene una mancha de aceite que huele a bronceador.

¡Es muy divertido!

¡Hay manchas que no son para nada divertidas! Les leeré lo que dice el periódico al respecto.

DERRAME DE PETRÓLEO
Desastre ecológico inminente:

Un barco petrolero se hundió y su tripulación apenas logró sobrevivir. Inmediatamente después del accidente, el petróleo de la nave comenzó a derramarse en el mar y formó una mancha enorme. Dicha mancha representa un gran peligro para la vida marina. La única forma de solucionar este problema es recoger el petróleo.

¿Por qué no se mezcló el petróleo con el agua del mar? Haz el experimento para averiguarlo.

una botella transparente, una taza de agua, una taza de aceite.

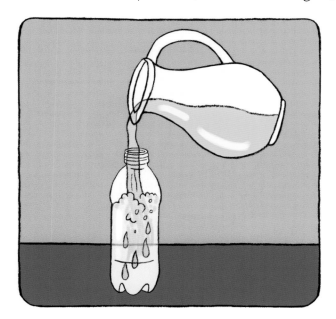

1. Llena la botella con cantidades iguales de agua y aceite. Si intentas mezclar el aceite y el agua de la botella, aparecen burbujas, pero los líquidos no se mezclan.

2. Deja quieta la botella durante unos minutos. Verás que se forma una capa de aceite sobre el agua.

Aprende algo más:

El aceite permaneció sobre el agua debido a que es menos denso que ella.

Qué sucedió después:

¿Qué ocurrió con la mancha de petróleo? Los marineros rociaron sobre la superficie de la mancha un polvo que absorbió todo el petróleo, y luego lo recogieron y lo desecharon.

Las manchas de petróleo son peligrosas para las aves. Si cae aceite en sus alas, no pueden volar. Cuando se retira el petróleo del agua, las aves pueden pararse en ella sin correr peligro.

Un pastel con una taza de aceite

Lara, ¡hagamos un pastel antes de que regrese mamá! Se alegrará mucho.

Como tu mamá no está aquí, debes tener cuidado. Una vez mi amiga casi arruina su pastel.

¡Qué buena idea! ¡Veamos qué necesitamos!

—¿Podemos hacer un pastel? —le preguntó mi amiga a su madre.

—¡Qué buena idea! —dijo su madre, y vertió un poco de aceite en un tazón—. ¡Con ese aceite basta para el pastel!

Mi amiga observó a su madre con impaciencia, y accidentalmente derramó un poco de agua sobre el aceite.

—Creo que lo arruiné —dijo. Pero su madre sabía cómo solucionarlo.

¿Se puede separar el aceite del agua? Sabrás si pudieron rescatar el pastel después de hacer el experimento.

una taza de agua, una taza de aceite, una botella de plástico transparente, un vaso vacío, un punzón, ayuda de un adulto.

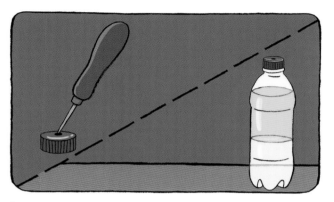

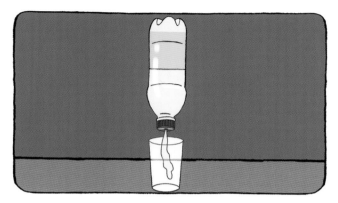

1. Pídele a alguien que te ayude a perforar un agujero en la tapa de la botella. Vierte cantidades iguales de agua y aceite en la botella y ciérrala con la tapa.

2. Pon un dedo en el agujero y gira la botella para que quede boca abajo. Espera hasta que el aceite y el agua se separen. Retira el dedo del agujero y deja que salga el agua de la botella. Si deja de salir, aprieta ligeramente la botella.

Como ya sabes, el aceite y el agua no se pueden mezclar, por eso pueden separarse.

3. Pon tu dedo en el agujero cuando salga toda el agua y devuelve la botella a su posición original. Solo quedará aceite en su interior.

Aprende algo más:

El aceite y el agua son líquidos que tienen una densidad diferente y que no se mezclan, razón por la cual se separan fácilmente.

La moneda oculta

Si les añadimos un poco de sal marina, las palomitas de maíz quedarán perfectas.

Ven, Max, ¡prueba las palomitas!

Cuando dijiste sal marina, recordé esa moneda que querías limpiar con agua salada, Lara.

Lara encontró una moneda en el fondo de la caja de juguetes. Estaba muy sucia, así que decidió lavarla con agua salada. Vertió toda la sal del salero en una olla pequeña llena de agua y luego puso la moneda allí. Después calentó la olla en la estufa y salió de la cocina. Sin embargo, cuando regresó e intentó sacar la moneda, no pudo encontrarla. ¡Solo había sal en la olla!

¿Acaso la moneda se convirtió en sal? Haz el experimento y descubre lo que sucedió en realidad.

una olla pequeña, una moneda, una cuchara, sal de cocina, agua, una estufa, ayuda de un adulto.

1. Vierte un poco de agua en la olla (solo lo suficiente para cubrir el fondo). Añade unas cuantas cucharadas de sal y mezcla bien hasta que se disuelva por completo. Pon la moneda en el agua.

2. Pon la olla en la estufa y deja que hierva el agua.

3. Deja la olla en la estufa. Cuando toda el agua se evapore, solo se verá sal en la olla. Busca la moneda en el fondo de la olla cuando la sal se enfríe.

> Cuando las gotas de agua de mar se secan sobre nuestra piel, queda un poco de sal donde estaban las gotas.

Aprende algo más:

La sal se extrae del mar. Los estanques de evaporación de sal son enormes, poco profundos y están llenos de agua de mar. Allí el agua de mar está expuesta al sol y se evapora lentamente. Cuando toda el agua se evapora, la sal queda en el fondo del estanque.

Adornos de azúcar

Tina, los palos se calientan si los frotas entre sí.

María me dijo que la gente solía hacer fuego así.

Tina, ¿recuerdas cuando calentaste accidentalmente los adornos de azúcar del pastel?

El pastel estaba listo. Lo único que faltaba era decorarlo con flores de azúcar. Tina tomó la caja de metal que contenía las flores y las examinó. "¿Con qué flor decoro mi rebanada de pastel?", se preguntó. Luego puso la caja sobre la estufa y fue a jugar. Mientras jugaba, la cocina se llenó de humo y las flores desaparecieron, pero la caja no quedó vacía...

¿Qué les ocurrió a los adornos de azúcar?
Haz el experimento para descubrirlo.

una olla vieja, una cuchara, azúcar, una estufa, ayuda de un adulto (deben hacer el experimento junto a una ventana abierta o encender el extractor de humo).

1. Pon unas cuantas cucharadas de azúcar en la olla.

2. Pon la olla sobre la estufa caliente. Con el calor, el azúcar comenzará a derretirse y luego se tornará marrón. Finalmente aparecerá humo denso y el azúcar se convertirá en algo completamente diferente.

Tal vez notaste que el azúcar cambia con el calor, pero que la sal permanece igual.

Aprende algo más:

El azúcar cambia completamente a altas temperaturas. Se convierte en algo que no puede convertirse en azúcar de nuevo.

Un mensaje invisible

Había una hoja de papel en la mesa que decía: "Sigue las pistas y encontrarás el tesoro. Esta es la primera pista...". Lara y su amigo comenzaron a buscar de inmediato. Siguieron las pistas hasta que encontraron un mensaje en lo alto de un armario. Subieron a una silla para intentar alcanzarlo, pero fue en vano. El amigo de Lara tuvo una idea:

—Sostén la escalera mientras subo.

¡Y lo alcanzaron! Pero el papel estaba vacío. Entonces Lara dijo:

—Voy a encender una vela para que podamos ver mejor.

¿Estaba realmente vacío el papel? Haz el experimento y descubre si Lara y su amigo lograron descifrar el mensaje.

un pincel fino, una taza de vinagre, una vela pequeña, una hoja de papel limpia, ayuda de un adulto.

1. Sumerge el pincel en el vinagre y escribe un mensaje en el papel. Espera a que el papel se seque. El mensaje no podrá verse y el papel se verá como si no hubiera nada escrito en él.

2. Sostén el papel por encima de la vela encendida y muévelo de un lado al otro para que el papel se caliente. ¡Ten cuidado para no quemarlo! Pronto podrás ver letras en el papel.

La llama de la vela provoca un cambio en los lugares donde se aplicó el vinagre.

Aprende algo más:

Al exponerlo a altas temperaturas, el vinagre, que es transparente, se hace visible.

Luz amarilla

¡Mira cuántas estrellas hay en el cielo, Tina!

Esa estrella amarilla está parpadeando.

Ahora les contaré la historia de por qué mi amigo se asusta con solo ver la estrella amarilla.

Al salir del colegio, mi amigo levantó la mirada y dijo:

—Vaya, ¡cómo parpadea esa estrella amarilla!

Su profesor lo escuchó y decidió ponerle una tarea. Le entregó una cerilla, un poco de sal, alcohol, una cuerda y una zanahoria. Era una tarea inusual: tenía que crear una llama amarilla con los objetos que el profesor le había dado.

¿Qué produce una llama amarilla?
Lo descubrirás cuando hagas el experimento.

un tazón, una zanahoria, alcohol, sal, cuerda, una cerilla, ayuda de un adulto.

1. Haz un lazo con la cuerda lo bastante ancho como para que la zanahoria quepa en él. Agrega un poco de sal al alcohol y mezcla. Sumerge la cuerda allí y deja que absorba el líquido.

2. Haz un corte en la punta de la zanahoria con un cuchillo. Ensarta el lazo en la zanahoria y luego enrolla el resto de la cuerda hacia la punta de la zanahoria. Inserta el extremo de la cuerda en la ranura que hiciste con el cuchillo, de manera que sobresalga una pequeña sección de la cuerda, tal como la mecha de una vela.

La llama es amarilla debido a la sal. Si solo se quemara el alcohol, la llama sería azulada. Sin embargo, el color de la estrella depende de algo diferente.

3. Sostén la zanahoria por la parte inferior y enciende la mecha. El alcohol se quemará y la llama se verá amarilla.

El color de una llama depende de la sustancia que la produce.

El pasillo misterioso

¡Todo se ve blanco fuera! Es como un cuento de hadas, y nosotras somos las princesas del castillo.

Tina, ¡nárranos otra vez el cuento de hadas en el que eres una princesa!

Había una vez una princesa llamada Tina que vivía en un castillo nórdico donde nevaba y hacía frío. El muñeco de nieve que cuidaba el castillo nunca se derretía, aunque la traviesa princesa siempre amenazaba con derretirlo. Una noche tomó unas cerillas y se dirigió hacia el muñeco de nieve. De repente se dio cuenta de que se había perdido. Estaba muy asustada. Encendió una cerilla y miró a su alrededor. ¡Estaba en un pasillo y a lo largo de él había velas cubiertas con urnas de cristal! "¡Voy a encender las velas para iluminar mi camino!", pensó, y luego vio un mensaje: "Encontrarás la salida porque alguien puso las urnas para evitar que las velas se consuman".

¿Por qué las urnas impiden que las velas se consuman? Haz el experimento y descúbrelo.

dos velas, un vaso largo, cerillas, ayuda de un adulto.

1. Enciende una vela y luego cúbrela con el vaso.

2. Enciende la otra vela cuando la primera vela esté encendida.

3. Observa lo que les sucede a las llamas. La vela que está bajo el vaso se apagará pronto, mientras que la vela que está fuera permanecerá encendida.

La vela permanecerá encendida mientras haya oxígeno en el vaso.

Aprende algo más:

Para que la vela permanezca encendida, necesita una sustancia que hay en el aire: oxígeno. Cuando se agota todo el oxígeno del vaso, la llama se apaga.

Qué sucedió después:

La princesa Tina logró llegar hasta el muñeco de nieve gracias a que las velas no se consumieron.

El mago

¡Un circo! ¡Quiero ver al mago!

¡Y a los payasos!

¿Recuerdan cuando fuimos al circo? El mago era tío de María.

Estábamos ansiosos por ver el ensayo del espectáculo del circo, pero el tío de María no estaba allí. A la entrada del circo había un león de verdad y delante de él había una olla llena de estofado.

—Oigan, ¿está agrio este estofado? Las cosas agrias me hacen doler la garganta, y ningún circo quiere a un león que no pueda rugir. Debo irme, pero averigüen si este estofado está agrio para cuando regrese, ¡o me los comeré a todos en lugar de al estofado!

—¿Se tratará de un truco de magia? —nos preguntamos con miedo. Aun así, decidimos hacer lo que nos ordenó...

¿Es posible determinar el sabor de un estofado sin tener que probarlo? Lo descubrirás después de hacer el experimento.

col morada, agua caliente, una olla, vinagre, bicarbonato de sodio, dos vasos, un tamiz, ayuda de un adulto.

1. Corta las hojas de col en trozos pequeños. Ponlas en la olla y vierte agua caliente sobre ellas. Déjalas reposar durante unos minutos.

2. Filtra el líquido de la olla y viértelo en dos vasos.

3. Añade un poco de vinagre al primer vaso, y un poco de bicarbonato al segundo. El líquido con vinagre es ácido y se vuelve rojo. El líquido con el bicarbonato de sodio no es ácido y por eso toma un color diferente.

Tengo que probarlos todos... Cuando vierto el rojo en el verde... ¡se torna azul oscuro! Parezco un verdadero mago.

Jugo de col y agua con gas

Jugo de col y jugo de manzana

Jugo de col y jabón líquido

Jugo de col y ácido cítrico

Aprende algo más:

Con el jugo de col se puede determinar fácilmente si la sopa está agria. Con la col morada se puede determinar el grado de acidez de otros líquidos.

El niño cauteloso

Lara, esto parece pudín de chocolate, pero huele a caramelo.

¡Adoro no saber qué sabor tendrá!

No les conté la sorpresa que mi abuela le dio a mi hermano el otro día...

Mi hermano fue a casa de la abuela para llevarle el periódico. Sabía que la abuela estaba ansiosa por leerlo. También sabía que había hecho su pastel favorito y que, como siempre, harían un experimento interesante después de comer el pastel. Sin embargo, esta vez la cobertura no era roja, ¡sino azul!

—No dudes en comerlo —le dijo la abuela—. Utilicé cobertura azul en lugar de roja. En fin, hoy te tengo una tarea diferente. Debes descubrir si el líquido de todos estos vasos es el mismo.

Había tres vasos sobre la mesa, todos llenos de un líquido transparente. Estuvo a punto de decir que en los tres había agua, pero recordó el pastel y su aspecto engañoso...

¿Cómo determinar si el líquido transparente de todos los vasos es el mismo? Lo descubrirás cuando hagas el experimento.

tres vasos, agua, alcohol, vinagre blanco, bicarbonato de sodio, una cuchara.

1. Vierte agua en el primer vaso, alcohol en el segundo y vinagre en el tercero. Pon una cucharadita de bicarbonato de sodio en cada uno de los vasos, mezcla y observa lo que ocurre.

2. El bicarbonato de sodio desaparecerá en el primer vaso; en el segundo caerá al fondo y en el tercero aparecerán burbujas.

Si no estás seguro de si lo que hay en una botella es agua, ¡no bebas el contenido! Lo mejor es abrir una botella de agua nueva.

Aprende algo más:

El bicarbonato de sodio puede servir para averiguar si los vasos contienen líquidos diferentes. Se disuelve en agua, pero en alcohol no se disuelve, sino que cae al fondo del vaso. Cuando se agrega al vinagre, aparecen burbujas y se oye un sonido efervescente.

Un volcán en el jardín

¡La fiesta en el jardín será grandiosa!

El abuelo de mi amigo le preparó una sorpresa. ¡Les contaré cómo fue y luego podemos hacer algo similar!

Lucas, debemos preparar una sorpresa para los invitados.

El jardín era grande y tenía muchos árboles y arbustos. Era excelente para jugar al escondite, pero ese día no había niños del vecindario en ninguna parte.

—¡Ven a ver esto! —dijo el abuelo de mi amigo—. ¡Construí un volcán en el patio! —Era un volcán en miniatura—. Inserta un palo y verás que hay un cráter en la cima.

Mi amigo lo hizo. De repente, ¡oyó un silbido y salió humo! ¿Fue el abuelo quien activó el volcán o acaso...?

¿Cómo hizo erupción el volcán?
Lo descubrirás cuando hagas el experimento.

una botella de 1,5 L, 1 L de vinagre, una cucharada de jabón líquido, colorante para alimentos rojo, una cucharadita de bicarbonato de sodio, un embudo, cinta adhesiva, tierra, arena, un palo.

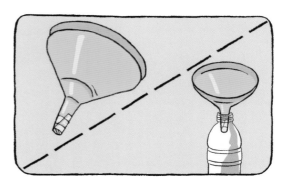

1. Pon la botella en el suelo del jardín y haz una pequeña montaña a su alrededor con tierra húmeda y arena. Vierte el vinagre y el jabón en la botella.

2. Cierra la parte inferior del embudo con un trozo de cinta adhesiva. Pon el embudo en la botella.

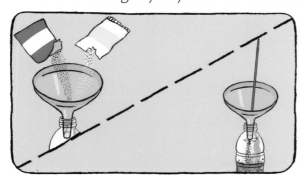

3. Vierte el bicarbonato de sodio y el colorante rojo en el embudo. Perfora la cinta adhesiva con un palo largo y observa lo que ocurre.

¡Sale lava roja del volcán!

Aprende algo más:

La mezcla de bicarbonato de sodio y vinagre produce gas. El jabón y el gas crean burbujas que comienzan a salir por la superficie. Gracias al colorante, las burbujas se ven rojas y parecen lava.

Luces en el agua

¡Mira, Lara! ¡Es como si hubiera miles de velas en el agua!

Es el reflejo de las luces de los barcos. Eso me recuerda algo que sucedió en la casa de verano de mi abuela.

¡Cuéntanos! ¡Debió ser emocionante!

El libro que estaba leyendo era tan emocionante, que no podía detenerme ni por un segundo. Cuando llegó la noche, presioné el interruptor para encender la lámpara, pero no sucedió nada. No había electricidad. "No importa —pensé—. Al menos ahora sabré qué se siente leer a la luz de las velas, como lo hacía mi abuela". Busqué en la despensa, pero todo lo que encontré fue aceite, agua, cerillas, brochetas para barbacoa, una botella de alcohol y una barra de chocolate. No había velas ni linternas, nada que emitiera luz, y estaba muy ansiosa por saber qué sucedía al final del libro.

¿Pudo Lara hacer una lámpara con lo que había encontrado en la despensa? Haz el experimento y descubre la respuesta.

un tazón de cristal, agua, aceite, alcohol, cerillas, brochetas para barbacoa, ayuda de un adulto.

1. Llena la mitad del tazón con agua. Vierte lentamente un poco de aceite sobre el agua. La capa de aceite debe ser de 1 cm de espesor.

2. Vierte alcohol sobre el aceite, de tal manera que se formen islas pequeñas.

3. Enciende la brocheta y acércala al contenido del recipiente. Las islas comenzarán a arder como si fueran velas.

> La llama de las velas acuáticas se alarga si giras la brocheta mientras las enciendes.

Aprende algo más:

El agua, el aceite y el alcohol del recipiente forman tres capas. El agua queda en el fondo del recipiente porque es la más pesada de los tres líquidos. El aceite queda encima y no se mezcla con el agua ni con el alcohol; el aceite los separa en el recipiente. El alcohol es el menos denso de todos y por eso queda sobre el aceite, y también es la única sustancia combustible del experimento.

DESDE PECES HASTA VIAJES A LA LUNA

ACTIVIDADES INTERESANTES PARA NIÑOS

Vesna Kartal

A los niños les encanta
comprender el mundo.
Por eso siempre hacen
preguntas interesantes.

¿Cómo se forman los copos de nieve?

¿Cómo vuelan los cohetes?

¿Por qué ronronean los gatos?

¡Acompáñanos en esta
aventura para aprender
cosas nuevas!
Descubre cómo se forman
los arcoíris, cuál es la función
de las abejas, cómo respiran
los peces bajo el agua y más
respuestas a muchas otras
preguntas.

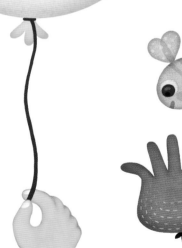

De qué están hechos los peces dorados

Tenía tres años cuando mamá y papá me llevaron al zoológico por primera vez. Vi de cerca a casi todos los animales de mis libros y llegué a una conclusión: los dibujaron muy bien. Los que más me gustaron fueron los peces. Eran juguetones y nadaban en el agua de aquí para allá, persiguiéndose unos a otros. Mis padres me compraron un pececito, un pez dorado, y lo llamé Auros. La abuela dijo que era maravilloso que los niños tuvieran mascotas. Mi otra abuela agregó que era estupendo para la crianza de los niños porque de ese modo se acostumbran a tener responsabilidades desde temprana edad. Por eso, con el tiempo, compré una pecera y más pececitos.

Durante mucho tiempo me pregunté: "¿Por qué Auros es un pez dorado?". Lo único que se me ocurrió fue que estaba hecho del mismo material que la cadena que mamá llevaba en su cuello. Sí, ¡Auros es un pez dorado porque está hecho de oro!

Descubre

- Cómo nadan los peces
- Cómo atrapar un pez dorado que concede deseos
- Cómo respiran los peces bajo el agua

CÓMO NADAN LOS PECES

Los peces dorados tienen un cuerpo alargado cubierto de escamas que están dispuestas de forma similar a las tejas. Utilizan sus aletas para moverse, mantener el equilibrio y fijar su rumbo, y su vejiga natatoria los ayuda a ajustar la profundidad en la que se encuentran. La vejiga natatoria es una bolsa que los peces pueden vaciar o llenar de aire. Así, los peces pueden moverse de una profundidad a otra, o permanecer a la misma profundidad en el agua.

Al fondo y a la superficie

Necesitas:

una botella de plástico, una manguera delgada de goma o silicona, seis barras de plastilina, un globo, hilo.

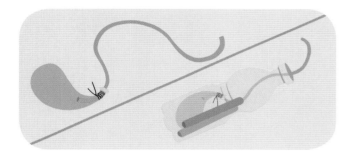

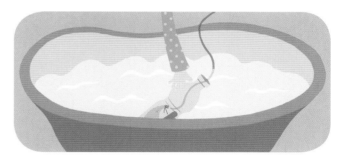

1. Pon un extremo de la manguera en la abertura del globo y sujétalo con hilo. Haz dos bastones largos de plastilina e insértalos en la botella junto con el globo.

2. Sumerge la botella en una cubeta llena de agua. Cuando la botella llegue al fondo, agítala para asegurarte de que no haya aire en su interior.

3. Sopla por el extremo libre de la manguera durante un rato. ¿Qué notaste?

Dato ultrasecreto

El globo se llena de aire, lo que reduce la cantidad de agua y hace que la botella vaya hacia la superficie.

Aprende algo más:

Así como los peces dorados inflan y desinflan su vejiga natatoria, los submarinos también almacenan o liberan agua para aumentar o reducir su peso, es decir, para hundirse o ir a la superficie.

CÓMO ATRAPAR UN PEZ DORADO QUE CONCEDE DESEOS

Los peces dorados provienen de ríos y lagos de China y Japón, y descienden de las carpas, que son de color gris verdoso. Los peces dorados llegaron a Europa hace doscientos años como un regalo inusual para Madame Pompadour, amiga del entonces rey de Francia Luis XV.

Peces dorados

Necesitas:

papel para dibujar, lápices de colores, sujetapapeles, escarcha, tijeras, pegamento, imanes (unos imanes de nevera servirán), palitos (o unos mezcladores), hilos.

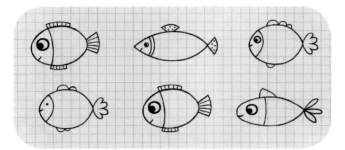

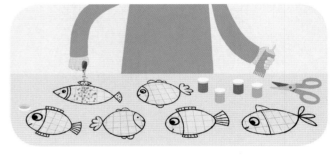

1. Dibuja en una hoja de papel tantos peces como puedas y recórtalos con las tijeras.

2. Esparce pegamento sobre los peces de papel y cúbrelos con escarcha.

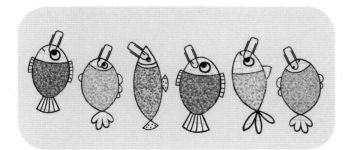

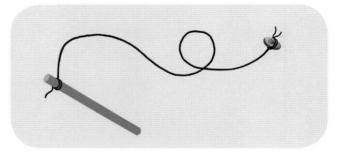

3. Pon un sujetapapeles en la cabeza de cada pez.

4. Ata un palito a un extremo de cada hilo y un imán al otro extremo.

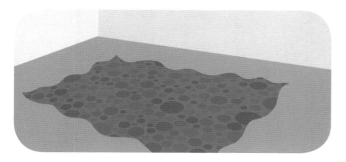

5. Extiende una tela en el suelo: esta representa un lago.

6. Pon los peces sobre la bufanda y comienza a pescar con tu caña.

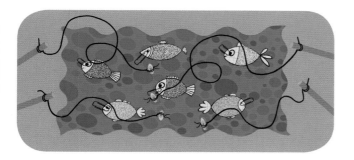

7. Puedes invitar a tus amigos a participar en este juego. Quien capture al pez dorado será el ganador y podrá pedir un deseo.

CÓMO RESPIRAN LOS PECES BAJO EL AGUA

Los pececitos hacen pasar agua a través de sus branquias, que son órganos cuya membrana extrae oxígeno del agua. Así es como los peces respiran bajo el agua.

Aprende algo más:

Se cree que los peces dorados pueden conceder deseos y por eso se considera muy afortunada a la persona que atrapa uno. Inspirado en esta creencia, el famoso escritor ruso Alexander S. Pushkin escribió el cuento "El pescador y el pececillo".

Las abejas son útiles

Llegó la primavera y con las chicas del vecindario acordamos hacer coronas, cadenas y pulseras de "oro" amarillo y blanco. Utilizamos dientes de león para el oro amarillo, y margaritas para el oro blanco. Antes debíamos reunir el "material" para trabajar, así que comenzamos a recoger flores. Cuando intenté arrancar un diente de león, algo me picó. Me dolió el dedo y corrí a casa llorando.

Mamá comprendió de inmediato lo que había sucedido. Me puso una compresa fría en el dedo y me explicó que una abeja me había picado y que había tenido que retirar el aguijón de mi dedo. Trató de convencerme de que las abejas eran útiles y trabajadoras. La que me picó estaba asustada y solo quiso defenderse porque yo quise llevarme la flor en la que estaba. Pero aun el hecho de que mi bocadillo favorito fuera el sándwich de miel no ayudó. Mi mano seguía doliéndome y yo seguía diciendo:

—¡No me importa! ¡Las abejas son malas y nunca más volveré a comer miel!

Descubre

- Cómo fabrican y almacenan la miel las abejas
- Si la miel es un líquido
- Cómo hacer galletas de miel

CÓMO FABRICAN Y ALMACENAN LA MIEL LAS ABEJAS

Las abejas viven en grupos, en comunidades de abejas. En cada comunidad hay una hembra que pone huevos: esa es la abeja reina. También hay abejas macho: los zánganos y las abejas obreras. Las obreras van de flor en flor recogiendo el néctar y el polen, y los llevan a la colmena en una pequeña bolsa que forma parte de su cuerpo para fabricar miel y cera con el material recolectado. Con la cera, las abejas construyen un panal en el que almacenan la miel, y donde la abeja reina pone huevos de los que nacen nuevas abejas obreras.

El panal de abejas

mínimo 20 pajillas, cinta adhesiva, tijeras.

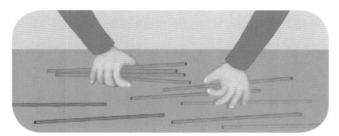

1. Reúne las pajillas y forma un manojo.

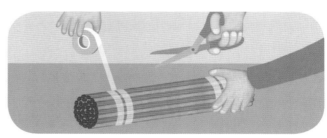

2. Pídele a alguien que envuelva el manojo con cinta adhesiva mientras lo sostienes.

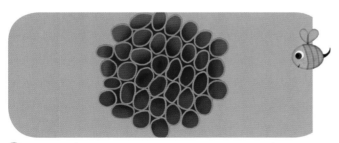

3. Pon el manojo en posición vertical y obsérvalo desde arriba. ¿Qué notaste?

Aprende algo más:

Las abejas construyen sus colmenas con mucha precisión, sin compás ni regla, y aun así son estructuras estables que pueden soportar 40 veces su propio peso. ¡Las abejas son excelentes constructoras!

Dato ultrasecreto

El manojo de pajillas tiene la apariencia de una colmena. Esta estructura consta de varias filas de celdas interconectadas. Cuando las abejas llenan las celdas de miel, las cierran con pequeñas tapas de cera.

¿LA MIEL ES UN LÍQUIDO?

Miel en un vaso

Necesitas:

miel, dos vasos de diferentes formas.

1. Vierte miel en un vaso.

2. Vierte la miel de ese vaso en el otro vaso. ¿Qué notaste?

¿Qué es más rápido?

Necesitas:

una bandeja de plástico, un poco de miel, un poco de aceite, un poco de agua.

1. Pon un poco de miel cerca de uno de los bordes de la bandeja, un poco de aceite en el medio y un poco de agua en el otro extremo.

2. Levanta un lado de la bandeja para que quede inclinada. ¿Qué notaste?

Dato ultrasecreto

La miel es un líquido espeso que avanza lentamente y adopta la forma del recipiente que la contiene.

CÓMO HACER GALLETAS DE MIEL

Galletas de miel

cinco cucharadas de miel, cinco cucharadas de azúcar, dos huevos, una cucharadita de bicarbonato de sodio, harina.

1. Mezcla los ingredientes y pídele a un adulto que te ayude a preparar la masa.

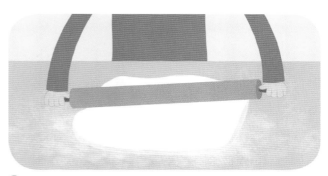

2. Extiende la masa con un rodillo hasta que tenga el espesor de un dedo.

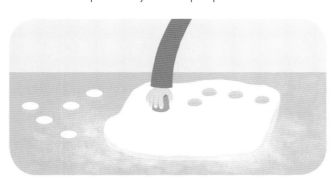

3. Corta galletas con un vaso pequeño o un molde.

4. Cubre una bandeja para hornear con papel encerado y pon allí las galletas (deja un poco de espacio entre ellas). Pídele a un adulto que las ponga en el horno precalentado a 170 °C. Las galletas deben ser horneadas entre 15 y 20 minutos, hasta que doren un poco y despidan un aroma delicioso. ¡Que disfrutes tus galletas de miel!

Aprende algo más:

En el pasado, los doctores mezclaban miel con hierbas medicinales y utilizaban esa mezcla como medicamento. El sabor de la miel cambia dependiendo de las flores de las cuales las abejas obtienen el polen. Por eso existe la miel de bosque, la miel silvestre y la miel de acacia.

Qué es el arcoíris

Recuerdo un suceso de nuestras vacaciones. Estábamos en una montaña. Ese mismo día papá me había comprado una botellita de jabón porque me encanta hacer pompas. El momento más divertido fue cuando papá hizo pompas, y mamá y yo las perseguimos y las atrapamos. Cada vez que estallaba una pompa, salpicaba sobre nosotros y todos nos reíamos.

Hice una pompa muy hermosa ese día. Era grande y multicolor: tenía tonos rojos, anaranjados, amarillos, verdes, azules, añiles y violetas. Papá dijo que yo era un mago. Sucedió algo asombroso mientras jugábamos: empezó a llover al tiempo que brillaba el sol. Los mismos colores de mi pompa de jabón aparecieron en el cielo. ¿Puedes creerlo? ¡Mi pompa multicolor llegó tan alto que todos pudieron verla! Entonces grité:

—¡Miren, mi pompa de jabón está en el cielo!

Mamá sonrió y me dijo que era un arcoíris; que era la luz del sol que atravesaba las gotas de lluvia, pero no le creí porque en serio pensaba que el arcoíris era mi pompa de jabón.

Descubre

- Cómo se forma un arcoíris
- Cuáles son los colores primarios y cuáles los secundarios

CÓMO SE FORMA UN ARCOÍRIS

Para nosotros, la luz del sol es blanca. Sin embargo, la luz del sol es una mezcla de colores. Cuando el sol brilla al mismo tiempo que cae la lluvia, aparece un arco con franjas en el cielo. Ese es un arcoíris. Al atravesar las gotas de lluvia, la luz del sol se refracta y se descompone en muchos colores de los cuales podemos ver el rojo, el anaranjado, el amarillo, el verde, el azul, el añil y el violeta.

Un arcoíris en un CD

Necesitas:

un CD, una linterna o luz solar.

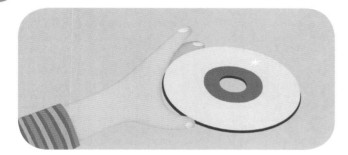

1. Toma el CD. Límpialo para retirar el polvo.

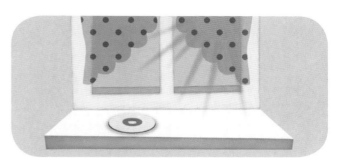

2. Pon el CD sobre una superficie plana junto a una ventana, con la cara hacia abajo para que quede expuesto a la luz del sol (o a la de la linterna).

3. Desde cierto ángulo podrás ver todos los colores del arcoíris en el CD.

Aprende algo más:

Puedes ver el arcoíris cuando está lloviendo y estás de espaldas al sol.

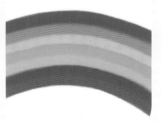

CUÁLES SON LOS COLORES PRIMARIOS Y CUÁLES LOS SECUNDARIOS

El rojo, el azul y el amarillo son los colores primarios porque no pueden obtenerse mezclando otros colores. Al mezclar los colores primarios se obtienen los colores secundarios: anaranjado, verde y violeta. Todos estos colores se pueden ver cuando hay un arcoíris en el cielo.

Los colores de un arcoíris

tres vasos transparentes poco profundos, dos toallas de papel de cocina, colorantes para alimentos azul y rojo.

1. Pon los vasos en fila y deja un espacio pequeño entre ellos. Vierte agua en los tres vasos y llénalos hasta la mitad.

2. Vierte varias gotas del colorante rojo en el primer vaso y colorante azul en el tercero.

3. Enrolla las toallas de papel de cocina. Pon un extremo de una toalla en el vaso con agua roja, y el otro extremo en el vaso del centro.

4. Pon un extremo de la otra toalla de papel en el vaso con agua azul y el otro extremo en el vaso del centro. Deja los vasos así por un día. ¿Qué sucedió?

Dato ultrasecreto

El agua del vaso del centro se torna violeta.

Colores en una pared

dos linternas, bolsas plásticas de colores (rojo, amarillo y azul), hilo.

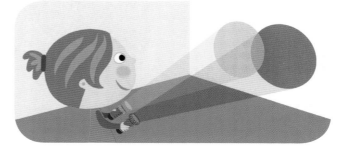

1. Pon la bolsa plástica roja en una linterna y la amarilla en la otra. Asegura las bolsas con hilo.

2. Enciende las linternas en una habitación a oscuras. Cruza las luces roja y amarilla sobre una pared blanca. ¿Qué color aparece en la pared?

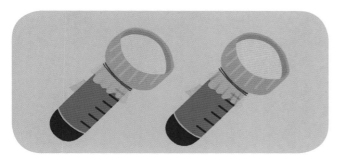

3. Puedes hacer el mismo experimento con la bolsa azul en lugar de la roja. ¿Qué color aparece en la pared en ese caso?

Aprende algo más:

Algunos creían que los arcoíris eran un puente entre la vida y la muerte, mientras que otros pensaban que había ollas de oro al final de cada arcoíris, y que estas solo se podían encontrar mientras el arcoíris estuviera en el cielo...

Dato ultrasecreto

Al mezclar el rojo y el amarillo, en la pared aparece el color anaranjado. Al mezclar el azul y el amarillo, en la pared aparece el color verde.

Paula sabe...

Cómo late el corazón

Cuando era pequeña, mi abuela se encargó de mí y por eso no me llevaban a la guardería. Todo iba bien hasta que un día la abuela se enfermó y terminó en el hospital. Mamá y papá dijeron que tenía que ver al médico porque tenía un problema en el corazón. Mamá me explicó que el corazón late todo el tiempo, incluso cuando dormimos.

—El corazón de la abuela está cansado y los médicos lo arreglarán un poco —fue lo que dijo mamá.

Comencé a preguntarme cómo latía el corazón. Seguramente era como el gran reloj que había en el pasillo y que hacía tictac sin parar. De vez en cuando, el abuelo tenía que darle cuerda a ese reloj, engrasarlo y limpiarlo, o de lo contrario empezaba a avanzar despacio. Me encantaba el viejo reloj y ayudar al abuelo a darle cuerda, por eso pensé: si el reloj podía repararse, eso significaba que al corazón de la abuela también se le podía dar cuerda y limpiarlo un poco para que siguiera funcionando. Dos semanas después, la abuela regresó del hospital y yo estaba convencida de que tenía razón. Mi abuela era la misma, solo que acababan de reparar el diminuto reloj que había en su pecho.

Descubre

- Por qué es importante saber cómo late el corazón
- Cómo hacer un estetoscopio

POR QUÉ ES IMPORTANTE SABER CÓMO LATE EL CORAZÓN

El corazón es un órgano hecho de músculos y es del tamaño de un puño. Comprende cuatro cavidades a través de las cuales fluye la sangre que es transportada a nuestro cuerpo a través de los vasos sanguíneos. Gracias al corazón, la sangre fluye sin parar a través de las arterias y venas. El corazón bombea sangre sin detenerse y ese movimiento lo percibimos como palpitaciones o latidos rítmicos que se pueden escuchar con un estetoscopio. También podemos contar los latidos del corazón al tomar nuestro pulso.

Cuenta los latidos de tu corazón

Necesitas:

un cronómetro, papel y lápiz.

1. Apoya tu brazo sobre una mesa y presiona suavemente el lado interno de la muñeca con los dedos índice y corazón. Sentirás unas pulsaciones leves.

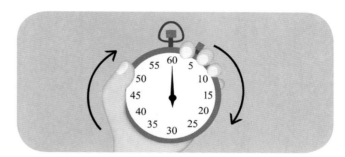

2. Al darle una señal, tu ayudante debe activar el cronómetro, y tú debes comenzar a contar las pulsaciones. Debes dejar de contar cuando pase exactamente un minuto. Anota el número al que llegaste.

Dato ultrasecreto

La frecuencia cardíaca es más alta después de correr, lo cual es normal porque en ese momento el cuerpo necesita más oxígeno y el corazón bombea sangre con más fuerza.

3. Cuenta tus latidos tomándote el pulso en tu muñeca antes y después de correr. ¿Qué notaste?

Compite con tu corazón

dos cubetas de plástico, un envase de cartón para leche (1 L), una taza medidora, un vaso plástico de yogur (150 mL), agua, un cronómetro.

1. Pon las cubetas una al lado de la otra. Pídele a un adulto que te ayude a llenar una de las cubetas con 10,5 L de agua (para medirlos, pueden usar el envase de cartón o la taza medidora).

2. Cuando le des la señal, tu ayudante debe activar el cronómetro, y tú debes comenzar a sacar agua con el vaso plástico y verterla en la otra cubeta. Cuando pase un minuto, tu ayudante debe detener el cronómetro y tú debes dejar de verter agua.

3. Mide la cantidad de agua que lograste trasladar de una cubeta a otra con la taza medidora. ¿Trasladaste el agua más rápido de lo que tu corazón bombea sangre?

Dato ultrasecreto

Un hombre adulto tiene una frecuencia cardíaca de entre 60 y 80 latidos por minuto. En los niños, puede ser de hasta 100. Con cada latido, el corazón bombea unos 150 mL de sangre. Si suponemos que el promedio de latidos del corazón es de 70 por minuto, significaría que el corazón bombea 10,5 L de sangre en un minuto.

CÓMO HACER UN ESTETOSCOPIO

La sangre es un líquido rojo, pegajoso y salado que contiene glóbulos rojos, glóbulos blancos y plaquetas. El cuerpo de un hombre adulto tiene aproximadamente cinco litros de sangre. La sangre se mueve desde y hacia el corazón a través de diferentes vasos sanguíneos. Puedes escuchar los latidos del corazón con ayuda de un estetoscopio.

PUM-pum

Necesitas:

una manguera de goma o plástico (50 cm de longitud), dos embudos de plástico, cuerda.

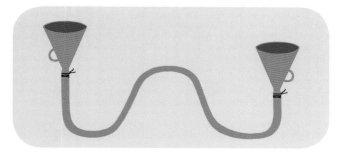

1. Inserta los embudos en los extremos de la manguera y asegúralos con cuerda.

2. Pon un embudo en tu oreja y el otro sobre el pecho de tu ayudante (o sobre el tuyo). ¿Qué escuchas?

Dato ultrasecreto

Cuando escuchas tu corazón, oyes el sonido PUM-pum dos veces. Así es como se oye el latido de tu corazón o, mejor dicho, así es como fluye la sangre a través de tu corazón. El primer golpe es más fuerte, y el segundo es un poco más sordo.

Aprende algo más:

La pérdida de una gran cantidad de sangre por causa de una herida o de una cirugía puede poner la vida en peligro. Por eso las personas sanas pueden donar su sangre a una persona herida o enferma. Ese proceso se llama transfusión. Las personas humanitarias donan su sangre voluntariamente para salvar la vida de otras personas, sin poner en riesgo su propia salud y vida.

Qué es la nieve

Adoro las nevadas. Los copos de nieve cubren todo y mi calle se ve completamente diferente. También me encanta deslizarme en trineo, sobre todo durante las vacaciones de invierno, cuando no tengo que ir a estudiar.

Recuerdo cuando vi la nieve por primera vez. Mamá me llevaba todos los días a dar un paseo en mi cochecito: dábamos tres vueltas alrededor de la manzana para respirar aire fresco, según decía ella. Antes de salir, ella me ponía ropa... y más ropa... ¡Parecía que nunca iba a terminar! Cuando casi acababa, aún tenía que ponerme un gorro, una bufanda y unos guantes... Ya abrigado, me sentaba en mi cochecito y sentía que el frío congelaba mi rostro. Era igual todos los días: íbamos a nuestro parque y mamá empujaba el cochecito por el mismo sendero.

Pero un día... salimos del edificio y todo estaba blanco... ¡¿Qué era eso?! Algo blanco, algo blanco... ¡por supuesto! Debía ser leche. Sí, me encanta beber leche. Solo que no sabía de dónde provenía. Seguramente alguien la había derramado, pero ¿quién? ¿Quién pudo haber derramado toda esa leche?

Descubre

- Cómo se forman los copos de nieve
- Por qué la gente arroja sal en las calles y las aceras cuando nieva
- Cómo hacer una "bola de nieve"

CÓMO SE FORMAN LOS COPOS DE NIEVE

En invierno cae nieve. En lo alto, el vapor de agua se enfría hasta que se congela. Así se forman pequeños cristales transparentes que flotan en el aire y se acumulan alrededor de partículas diminutas de polvo y gotitas de agua. De esta manera, los grupos de cristales se vuelven más y más grandes y, cuando alcanzan cierto tamaño, comienzan a caer al suelo. En ese momento es cuando vemos un copo de nieve.

Copos de nieve bajo la lupa

necesitas:

un trozo de tela negra, una lupa, copos de nieve.

1. Pon la tela en el congelador durante varias horas.

2. Saca la tela del congelador y ponla en el alféizar de una ventana para que caigan copos de nieve sobre ella.

3. Lleva la tela a tu habitación y observa los copos de nieve con la lupa. ¿Qué notaste?

Aprende algo más:

El tamaño y la forma de un copo de nieve dependen de la temperatura: cuanto más baja, más pequeños son los copos. Si hace mucho frío y la temperatura está bajo los 0 °C, las puntas de los copos de nieve son más afiladas, y si la temperatura es cercana a los 0 °C, las puntas son más anchas.

Dato ultrasecreto

Cada copo de nieve es único, pero todos tienen seis puntas.

POR QUÉ LA GENTE ARROJA SAL EN LAS CALLES Y LAS ACERAS CUANDO NIEVA

Nieve y sal

dos tazas del mismo tamaño, un poco de sal, nieve.

1. Pon cantidades iguales de nieve en ambas tazas.

2. Agrega un poco de sal a una de las tazas.

Dato ultrasecreto

Al añadir sal a la nieve, su punto de congelación disminuye (es menor que o °C), por lo que la nieve se derrite más rápidamente. En invierno se vierte sal en las calles y las aceras con el fin de derretir el hielo o evitar que se forme.

3. Observa cómo se derrite la nieve en las tazas.

Aprende algo más:

Se ha presenciado nieve que no es blanca en algunos lugares del mundo. La nieve de colores aparece cuando las partículas de materia que hay en el aire tienen algún color. Estas flotan y quedan atrapadas en los copos de nieve mientras caen al suelo. Así fue como cayó nieve roja en Italia: porque había cenizas volcánicas rojizas en el aire. Unos pastores de los montes Urales vieron nieve violeta y alguna vez se vio nieve verde en ciertas montañas de Europa.

CÓMO HACER UNA "BOLA DE NIEVE"

Mi bola de nieve

Necesitas:

una pelota limpia, agua hervida, un poco de glicerina líquida (la venden en las farmacias), un muñeco (de plástico o de cerámica), escarcha, pegamento universal, un frasco con tapa.

1. Pega el muñeco al interior de la tapa.

2. Pon escarcha en el frasco.

3. Llena el frasco con agua, pero asegúrate de no llenarlo por completo.

4. Añade un poco de glicerina (así la "nieve" cae lentamente).

5. Aplica pegamento a la rosca del borde del frasco y gira la tapa. ¡Tu bola de nieve está lista!

Por qué ronronean los gatos

Mamá suele hablarme de los buenos momentos que pasó cuando era pequeña y vivía en el campo con el abuelo y la abuela. Todo lo que la abuela cocinaba era muy sabroso, y el abuelo siempre cuidaba la pradera y el bosque. A mamá le gustaba ayudar con las tareas del hogar. Le gustaban especialmente las tardes que pasaba cerca de la estufa. Mientras los troncos crepitaban en el fuego, la abuela hilaba lana y el abuelo pelaba maíz. Mamá bebía leche tibia y Katy, la gata, dormitaba cerca del calor de la estufa.

Mamá quería aprender a hilar la lana como la abuela. Si la bella durmiente podía hacerlo a pesar de ser una princesa, ¿por qué no habría de hacerlo mamá? Entonces el abuelo dijo:

—¡Es muy fácil! Katy puede atrapar ratones e hilar lana. ¡Es una gata muy hábil!

Yo estaba confundida. ¡¿Katy sabía hilar?! Seguramente tenía un huso diminuto e hilaba con la abuela cuando mamá no la veía.

Descubre

- Cómo ronronean los gatos
- Por qué los ojos de los gatos brillan en la oscuridad

CÓMO RONRONEAN LOS GATOS

Cuando nos gusta una comida o algo nos hace sentir bien, generalmente decimos: "Mmm…". Los gatos también expresan su satisfacción. El sonido que hacen cuando están satisfechos se llama ronroneo. Es un sonido creado por la vibración de sus cuerdas vocales. Los gatos pueden controlar la vibración de sus cuerdas vocales.

La vibración produce sonido

Necesitas:

una regla larga de plástico, una mesa.

1. Pon la regla en el borde de la mesa, de modo que su extremo sobresalga un poco (tal como se muestra en la imagen).

2. Presiona firmemente la regla con una mano y golpea ligeramente el extremo libre: vas a escuchar un sonido.

3. Repite el procedimiento, pero asegúrate de que el extremo libre de la regla sobresalga más del borde de la mesa: oirás un sonido diferente al anterior.

Dato ultrasecreto

Cada vez que un objeto vibra, produce un sonido. Gracias a las vibraciones, el sonido se propaga en el aire.

POR QUÉ LOS OJOS DE LOS GATOS BRILLAN EN LA OSCURIDAD

Los ojos de los gatos no son como los ojos de los humanos. Los ojos de los gatos están constituidos de tal forma que captan más luz y tienen un campo visual más amplio que nuestros ojos. Las pupilas de los gatos se alargan cuando están expuestas a la luz, y se dilatan en la oscuridad para que los ojos puedan recibir más luz y puedan ver mejor en la oscuridad. Los gatos tienen una capa en el ojo que duplica la potencia de los rayos de luz, tal como lo hace un espejo, y por eso sus ojos brillan en la oscuridad.

Pupilas en la luz y en la oscuridad

Necesitas:

una lámpara, un espejo.

1. Busca una habitación que esté parcialmente a oscuras.

2. Mira tus pupilas en el espejo.

3. Enciende la lámpara.

4. Mira tus pupilas en el espejo una vez más. ¿Qué notaste?

Dato ultrasecreto

Tus pupilas se ven grandes en la oscuridad, y cuando enciendes la luz, se ven pequeñas. Eso sucede porque las pupilas se dilatan en la oscuridad para que tus ojos puedan recibir más luz y puedas ver mejor. Con la luz, las pupilas se contraen para proteger el ojo del exceso de luz.

Aprende algo más:

Las bicicletas y los autos tienen piezas de plástico que reflejan la luz y permiten que los vehículos sean visibles en la noche. Esas piezas se llaman reflectores de ojo de gato.

Cómo viajar a la Luna

Cuando era pequeño, no me gustaba ir a dormir. Ponerme la piyama e ir a la cama era una verdadera molestia. "¿Por qué tengo que ir a dormir? —pensaba—. Los adultos no tienen que ir a la cama tan temprano. ¡Qué injusto!". Papá trataba de explicarme que los niños crecían mientras dormían, pero yo creía que bastaba con alimentarse bien para crecer, como decía mi abuelo.

Aun así, tenía que ir a la cama. No le temía a la oscuridad. La oscuridad es fantástica porque gracias a ella se puede ver una luz grande y redonda: la Luna. Me encantaba pensar en formas de ir a la Luna. Decidí que iba a pedir prestadas todas las sillas de la tía Marta, del tío José, de las abuelas Dalia y Manuela, de Beto y Jaime, de Juan y Rosa... de todos los vecinos del edificio. Iba a poner una encima de la otra hasta llegar a la Luna y poder tocarla. Ese era mi plan. ¡Qué gran idea!

Descubre

- Cómo brilla la Luna
- Cómo se lanza un cohete
- Cómo hacer un cielo estrellado
- Por qué vemos solo una cara de la Luna

CÓMO BRILLA LA LUNA

La Luna se mueve alrededor de la Tierra. Es el cuerpo celeste más cercano a nuestro planeta. Es enorme, pero pequeña en comparación con la Tierra. Aunque la Luna no emite luz propia, la vemos brillar en la noche porque el Sol la ilumina. El hecho de que la Luna adopte diferentes formas se debe a la posición relativa entre la Luna, el Sol y la Tierra.

El Sol, la Luna y la Tierra

Necesitas:

un globo de color oscuro, un palo de 1,5 m de longitud, 60 cm de hilo de color oscuro, una linterna.

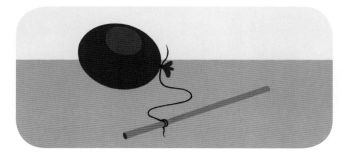

1. Infla bien el globo y átalo al palo con hilo, de modo que queden a una distancia de 50 cm.

2. Sostén el palo con el globo a 1,5 m por encima del suelo y apaga las luces de la habitación en la que te encuentras. Pídele a tu ayudante que encienda la linterna e ilumine el globo. ¿Qué notaste?

3. A continuación ponte de espaldas a tu ayudante y levanta el palo con el globo, de modo que este quede ligeramente por encima de tus ojos. ¿Qué cambio notas?

Dato ultrasecreto

La linterna que sostiene tu ayudante representa el Sol, que es la fuente de luz; el globo representa la Luna. Cuando está completamente iluminada, decimos que la Luna está llena. Cuando te pones de espaldas a tu ayudante, impides que pase la luz proveniente del Sol, por lo que solo se puede ver la Luna parcialmente iluminada. Lo mismo ocurre cuando la Tierra está entre el Sol y la Luna.

CÓMO SE LANZA UN COHETE

Los miembros de la tripulación de la nave espacial Apolo 11 fueron los primeros hombres en caminar sobre la Luna y en pasar un día entero allí. En la Luna recogieron varias muestras para estudiarlas. Los televidentes veían a los astronautas moverse ingrávidos y saltar sobre la superficie de la Luna. Eso sucedió porque eran seis veces más livianos en la Luna que en la Tierra.

Lanza un cohete

Necesitas:

un globo mediano, un tubo de cartón del papel higiénico, cuerda, cinta adhesiva.

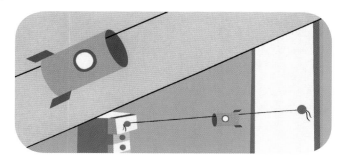

1. Haz un cohete con el tubo de papel higiénico y ensártalo en la cuerda. Ata los extremos de la cuerda a dos puntos distantes de la habitación, por ejemplo, a la manija de un cajón y al pomo de la puerta.

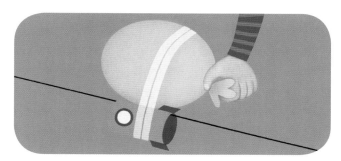

2. Infla el globo y mantenlo cerrado con tus dedos. Pídele a tu ayudante que pegue el globo al cohete con cinta adhesiva.

Dato ultrasecreto

Cuando retiras los dedos del globo, el aire sale en una dirección y hace que el globo vaya en la dirección opuesta. Así es como el turborreactor de un cohete empuja el aire comprimido y caliente hacia abajo, y el cohete avanza y asciende.

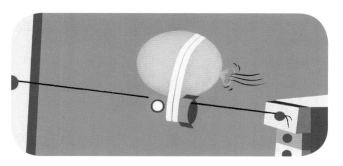

3. Retira tus dedos del globo. ¿Qué ocurrió?

Aprende algo más:

Marcos pesa 24 kilogramos. Su peso sobre la Luna sería seis veces menor; sería como si solo pesara cuatro kilogramos en la Tierra.

CÓMO HACER UN CIELO ESTRELLADO

Estrellas

Necesitas:

una caja de poliestireno, pintura negra, plastilina y papel brillante, brochetas, lápices o mondadientes, un pincel grueso.

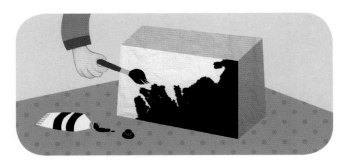

1. Pinta de negro la parte frontal de la caja de poliestireno.

2. Haz la Luna y las estrellas con plastilina y papel brillante. Que una de las estrellas sea el lucero de la mañana.

3. Pon la Luna y las estrellas en los palos de madera. Inserta los palos en la caja de poliestireno.

4. Elige un lugar de tu habitación que sea apropiado para tu cielo estrellado y ponlo allí.

Dato ultrasecreto

El lucero de la mañana, como se le llama comúnmente al planeta Venus, es visible antes del amanecer y después de la puesta del sol. A veces brilla con tanta intensidad que se puede ver incluso durante el día. Es el cuerpo celeste más brillante que podemos ver después del Sol y la Luna.

POR QUÉ VEMOS SOLO UNA CARA DE LA LUNA

Desde la Tierra solo podemos ver una cara de la Luna. Esto se debe a que la Luna gira sobre su propio eje a la misma velocidad a la cual orbita alrededor de la Tierra.

La Luna en mi habitación

Necesitas:

un globo, un recipiente con agua, harina, un periódico viejo (rasgado en trozos), pintura amarilla, pintura negra, un pincel grueso.

1. Haz una mezcla más o menos espesa de agua y harina. Agrega los trozos de periódico y revuelve hasta que el papel se ablande.

2. Infla el globo. Escurre la mezcla y espárcela sobre el globo (el papel debe adherirse al globo). Deja que el globo se seque bien.

3. Pinta una mitad de la Luna de color amarillo y la otra mitad de color negro, cuando el globo se seque. Deja que el globo se seque de nuevo.

4. Perfora el globo con una aguja y retíralo. Pasa una cuerda a través del agujero y cuelga tu Luna en algún lugar de tu habitación.